認知からファンになるまで、顧客を中心に
あらゆる体験をつくる最新レシピ。

# CX クリエイティブのつくり方

電通CXクリエーティブ・センター
CX推進チーム

はじめに

# CXって、料理かも。

お手に取っていただき、ありがとうございます！

この本を見てくださっているということは、あなたはコンテンツ開発やサービス開発に携わっている方でしょうか。それとも、広告・マーケティング業界や広告主である企業の方でしょうか。

突然ですが、最近、こんな風に感じたことはありませんか？
・「CX」ってよく聞くけど、そもそも何のこと？
・テレビCMだけじゃ売れない時代なのは知ってるけど、どうしたらいいの？
・デジタル？　データ？　いやいや、結局人はワクワクして動くもんだろ!?

もしひとつでも当てはまるなら、きっとこの本は役に立つはずです。だって、著者である私たちも、かつて同じ思いを持っていたのですから。
そもそもCXとはCustomer Experience（カスタマーエクスペリエンス）＝「顧客体験」の略称です。
元々CXは、コールセンターや修理対応など、商品を購入してくれた既存顧客の対応を表す言葉でした。

ですが、たとえば最近でいえば、商品を試せるイベントも、それを使っているインフルエンサーのインスタライブも「顧客体験」といえますし、新たなニーズによって生まれた商品やサービスそのものも「顧客体験」といえます。
つまりCXという言葉の意味が、文字通り顧客の体験すべてを表すものに広がってきているのです。そこでこの本ではCXを、広告からCRM、サービス・商品開発まで、そのすべての体験を表すことにしたいと思います。

CXの意味が広がってきたのは一体なぜなのでしょうか？
簡単にいうと「商品を売り買いして終わりの時代から、顧客と企業がつながりつづけることができるようになってきた」からです。
デジタル技術が発達し、今や個人同士だけでなく企業や団体と個人も、SNSやオンラインサービスを通じていつでも簡単にコミュニケーションを取れるようになりました。
そうして「つながりつづける」ことで、企業は顧客のことを深く理解し、心地のいい関係を築いていける。もし不満があれば、それをちゃんと聞くことでもっと商品を良くしていくことができる。
だからこそ顧客とのあらゆる接点を「顧客体験」として捉え大切にすることが、その商品やブランドが生き残っていく鍵になってきているのです。

その人がどんな体験をして、どんな気持ちになり、ブランドとどんな関係を築いてくれるか？　すべての顧客体験は顧客が主役で、すべての意思決定者だから。
これからは、人をみつめてサービスをつくっていく時代。
その一貫した顧客体験の流れをデザインするCXは、事業、商品、サービス、コミュニケーションまで全体を俯瞰で見ることが大事になってきます。

この本では、CXのさまざまな領域を、顧客とブランドの関係性という視点でわかりやすく捉えるため、デュアルファネル®という考え方で整理しています。もちろん整理の仕方は他にもいろいろあるので、気になった方はぜひ調べてみてください。

さて、大事なのはここから。この本はCXを「クリエイティブの視点から」やさしく紐解いた本です。なぜCXにはクリエイティブが必要なのでしょうか？
顧客にとって一番良い体験をつくっていくためには、「データ」や「デジタル」の力も必要です。
でも、データだけを見て答えを出していたら、正直、企業コミュニケーションは誰がやっても同じになってしまうでしょう。データはただのデータ。他社と一線を画すような素晴らしいソリューションのために一番大切なのは、「それをどう捉えるか」「そこからどんな体験を生み出すか」という発想、つまりクリエイティビティを掛け合わせることなのです。

そこは、これまでの広告クリエイティブの考え方と実は本質的にはあまり変わりません。つまり今まで広告づくりに携わってきた人は、そのスキルをCXクリエイティブでも存分に活かせるチャンスがあるということです。
どうです？　ちょっと面白いことができそうでしょ？

……と、書くのは簡単ですが、「データ」や「デジタル」という言葉を聞くだけで難しそう……と思ってしまう人には、最初の一歩がなかなかハードルが高いのも事実。
なんかコツとかないのかな？　と学んでいく中で、ふと気づいたことがありました。

最初にアウトプットのゴールイメージを見てからつくり方を聞くと、わかりやすい。実は、誰でもすぐに使える技がある。ここさえ押さえておけば、それなりになるコツやポイントがある。

これって、料理に似ていると思いませんか？
おいしそうな写真がドーンとあって、隣にレシピが書いてある。
時短でおいしくできる技がある。味付けの基本、さしすせそ。
CXクリエイティブを料理に例えると、いろんなことが簡単に考えられるようになったんです。
広告クリエイティブ出身の私たち自身が、最初はそうだったように。今、多くの人が、同じ悩みを抱えていると思うから。これさえ読めば、簡単に理解できる電通のCXクリエイティブ・レシピを公開します。

最後にひとつ伝えたいのは、レシピと同じくCXも進化するものだということ。この本で紹介するのは現時点の方法論のひとつでしかありません。
基本のつくり方や考え方を習得したら、その後も情報収集は続けて、レシピは常にアップデートしていきましょう。

お口に合うかどうかわかりませんが、どうぞお召し上がりください。

2023年1月

電通CXクリエーティブ・センター　CX推進チーム
案浦芙美　糸乗健太郎　小原章史　上遠野茜
鈴木恵里子　諏訪徹　瀬戸康隆　田中寿　永島資子
濱窪大洋　速水一浩　原央海　福岡郷介　吉田隆大

どうも、
CX シェフです。

OPEN

はあ、困った
来月から
CX 担当かぁ。
正直、何が
わからないかも
わからないよ。
MENU
心配
いらないよ。

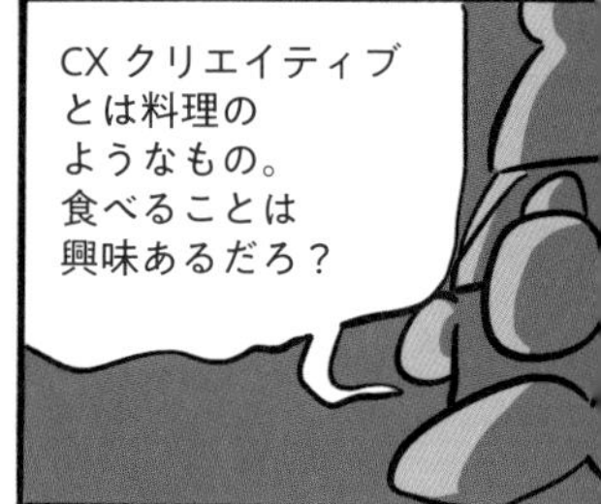
CX クリエイティブ
とは料理の
ようなもの。
食べることは
興味あるだろ？

まあ、
食べるのは
大好き
ですけど……。
誰？
MENU

料理を
つくるように
順を追って
やれば、
CX クリエイティブ
もカンタンさ。
え、
どういう
こと？

というか
あなたは
一体！？
私は
CX クリエイティブを
つくるプロ、
CX シェフ！
CX
シェフ…？

かつては、
自慢の
一品を
出して

パカッ

カツ丼
！？

常連さんに
満足してもらえれば、
それでよかった。

だが、今は！
バサッ

バァ～ン！

!!
変な
テーブルに
無数の
料理……。
食べる前から、
常連さんになるまで。
さらにその後まで
考えないといけない。

一体
どうやって！？

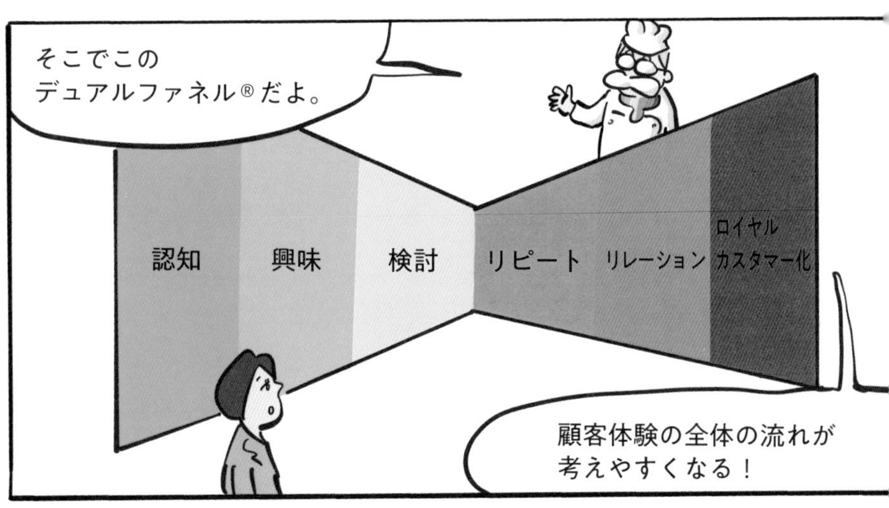
そこでこの
デュアルファネル®だよ。
認知
興味
検討
リピート
リレーション
ロイヤル
カスタマー化
顧客体験の全体の流れが
考えやすくなる！

顧客体験の
流れとは、

伝える人のことを
しっかりみつめて、
→仕込みの第１章へ

その人が何を
求めているか、
→味付けの
第２章へ

どんな伝え方を
すれば届くか、
→調理の第３章へ
ヤッセ
ジ

どんな場所で
どう届けるか
一生懸命考えて
→盛り付けの
第４章へ

最高の状態で
出す。
→実食の
第５章へ

出して終わりではなく、
長く愛してもらうために
改善を重ねる。
→おかわりの第６章へ

そして
新サービスを
つくり続ける。
→新メニューづくりの
第７章へ

どうかな？

なるほど料理に
置き換えれば
なんだか
できそう。

じゃあ
順番にその
つくり方を
見ていこう！
はい！！

# 目次

Recipe
Recipe
Recipe
Recir

# 第1章 仕込み

# 顧客体験の<br>全体を設計する

1-1

# 届ける相手をみつめて献立全体をざっくり考える

早速ですが、CXクリエイティブをどのようにつくったらいいか、教えてください！

はじめに、どんな立場でCXクリエイティブをつくるとしても大切なことを伝えておきたい。
ひとつ目、顧客体験の全体を俯瞰してみること。
ふたつ目、人をみつめること。

顧客体験の全体……？

CXクリエイティブは広告だけではなく「戦略」「サービス・商品」「コミュニケーション」全体を幅広く見ることがとても重要なんだ。誰かの悩みを解決するサービスを開発することから、商品を使い始めるときのひと押し、ブランドのファンになってもらい一人ひとりの暮らしをもっとワクワクさせることまで、顧客体験にかかわるすべてがCXクリエイティブ。
だからこそ、体験全体を通して人に幸せを感じてもらえるかを考えて欲しいんだ。

CXクリエイティブは、人を幸せにするためのもの……！

顧客体験を俯瞰してみるためには「商品やサービスをどう手に

してもらうか」を出発点にするのではなく、人が何に悩み、何を喜び、どう生きているのかを考えること、つまり「人をみつめる」ことから始めるんだ。
データやテクノロジーをもちろん活用するのだけれど、その先にある人の営みを想像し、感じていて欲しい。なぜならすべてのサービスは顧客＝人が主体であり、意思決定者だからね。

ここでいう「人」は、一人であることもあるし、もっと大きな潮流を捉えた「人」、つまり社会であることもある。

ひとつの事例を紹介しよう。一般社団法人「世界ゆるスポーツ協会」が開発している老若男女障がいのあるなし関係なく楽しめる「ゆるスポーツ」だ。

スポーツ競技がCXクリエイティブ……!?
私が思っていたCXクリエイティブと全然違います……。

そうなんだよ。

たとえば、高齢者施設に入居する方をみつめて生まれた競技「トントンボイス相撲」や「打ち投げ花火」。これらは、高齢者に必要なリハビリにまつわる「人の悩み」を、スポーツがもつ楽しさや、勝負に勝ちたいと思う「人の喜びや本質」で解決したCXクリエイティブだ。

CXクリエイティブって思っていた以上に幅が広いんですね。

喉のリハビリが必要だけれど歌は苦手という人の悩みを、好きな相撲になら思わず声を出してしまうのではないか、というアイデアとテクノロジーで解決した「トントンボイス相撲」。プレイヤーの「トントン」という声に合わせてステージが振動し、紙相撲力士を動かすことができる。

リハビリに必要な腕の上げ下げや首のストレッチに伴う単調さを、バルーンを天井の的に向かって放ち、中心近くに当たるほど大きな花火が打ち上がる仕掛けで解消した「打ち投げ花火」。外出が難しい人に花火鑑賞の喜びも届けられる。

**最初は目の前の人の悩みに注目し、その解決アイデアが、やがて社会からスポーツ弱者をなくす、という目線につながっているんだ。**

人をみつめることで悩みや喜びをみつけ、アイデアとデータやテクノロジーをかけ合わせて課題を解決するサービス。これは単に、データとにらめっこしているだけでは生み出せないよね。

アイデア、データやテクノロジーで笑顔にしたい人の顔を思い浮かべるって考えると、すっごくワクワクしますねぇ！

そのワクワク、ぜひ大切にしていこう！
ではまず、みつめる相手について考えてみようか。
突然だけど、味噌汁をつくるとして「だし」はどうする？

私は、フリーズドライのお味噌汁にお湯をジャー！　です。

ふむ。それはどうして？

一人暮らしなので、味噌汁は1杯分あればいいんですよね。朝忙しいとき、生味噌タイプのインスタントより楽。具材もいろいろあるから結局これに落ち着いてます。

じゃあ、実家にいたときはどうしてた？

昆布とかつおぶしでしたね。家族みんなの分をつくるし、煮物にも使えるし、手間もそんなにかからずコスパがいい。何より香りが違う！　あ、でも時間がないときは、パックで煮出すだしも使ってました。だし入りのお味噌を試したこともあったけど、味の細かい調整が効かないから使うのやめちゃいました……ってなんの話ですっけ。

まさにあなたは味噌汁のだしを通じて、人をみつめたね。
そんな風に、どんな生活だから、何を大切に、どういう選択をするか。それぞれ思考や行動などが似たもの同士をグループ分けした人々を「クラスター」とよぶよ。

クラスターってよく聞きます！

マーケティング用語で、プロフィールや行動からグループ分けした人々のことだよ。性別や年代、家族構成とか、住んでる場所や年収、さらに趣味や嗜好、生活スタイルみたいなものでもグループ分けする。

今回はここのクラスターの課題を解決しよう！ と、チームの共通認識とすることで、その後の制作過程での「なんかズレてる？」を防ぐことができる！

グループに分けるにはいろいろな切り口があるけれど、デプスインタビューなどの定性調査や定量調査、デジタルツールを使って、近しい属性をもつ人々をみつけていくんだ。

データが出てきましたね！どんなデータをみるんですか？

クラスター分けに用いる主なデータ

「デモグラ」「意識」「地理」「行動」データからパーソナリティをつかみ、クラスターに分けていくんだ。

むむむ、ちょっとデジタルの度合いが増してきましたね。

さっきいった通り、あくまでもやりたいことは人をみつめること。データは、その人をはっきりさせて、チームみんなで顧客像「クラスター」を共有するために便利に使えばいいんだよ。さまざまなクラスター分けの方法から、ここではふたつ紹介しよう。

## 広告会社がアスキングデータやDMPなどで分析する方法

ひとつ目は、オリエンを受け広告会社がクラスター分けする方法。広告会社によっては、WEBでの行動やテレビ視聴など、独自にデータを集めているんだ。そのデータの管理にはデータ・マネージメント・プラットフォーム (DMP) というさまざまなデータを貯めて管理するツールを使っているよ。

さっきいってた行動データや意識データなどですか？

そう。大量に集められたデータから、そこにいる人々の属性を深掘りしていったり、インサイトや、購入に向けて心が動いたりするポイント（トリガーポイント）は何かを探っていくんだ。調査によって得られた生の声でもあるアスキングデータと組み合わせることで、さらに精度が上がっていくよ。

| 特 徴 | しっかり倹約家<br>タイプ | 古い常識に<br>捉われないタイプ | 知名度信頼<br>タイプ | 口コミ信頼<br>タイプ | 価値観貫き<br>タイプ |
|---|---|---|---|---|---|
| | | | | | |
| 検討時の<br>重視ポイント | 金額が安い<br>アフターサービス<br>が充実 | 業界をリード<br>している<br>時流に合っている | 大手で安心感がある<br>家族や友人が<br>利用している | 口コミサイトや<br>比較サイト | 自分の生活スタイル<br>や嗜好に<br>合っているか |
| 市場規模 | 約〇〇〇万人 | 約〇〇〇万人 | 約〇〇〇万人 | 約〇〇〇万人 | 約〇〇〇万人 |
| 検討層 | 約△△万人 | 約△△万人 | 約△△万人 | 約△△万人 | 約△△万人 |
| 構成割合 | 約×× % | 約×× % | 約×× % | 約×× % | 約×× % |
| 性別／<br>平均年齢／<br>世帯年収 | 男性：女性<br>39：61<br><br>男性　53.1 歳<br>女性　42.5 歳<br><br>800－1200 万円<br>／400－600 万円 | 男性：女性<br>38：62<br><br>男性　43.1 歳<br>女性　38.5 歳<br><br>800－1200 万円 | 男性：女性<br>50：50<br><br>男性　54.8 歳<br>女性　41.1 歳<br><br>400－800 万円 | 男性：女性<br>50：50<br><br>男性　54.8 歳<br>女性　41.1 歳<br><br>400－650 万円 | 男性：女性<br>62:38<br><br>男性　50.1 歳<br>女性　46.2 歳<br><br>200-550 万円<br>／800－1200 万円 |

データからクラスターをみつめる

たしかなデータに裏付けられているから、これがあると CXクリエイティブも考えやすくなりそうですね。

そう。この方法は少し時間がかかるから、ある程度提案までの期間が取れないと難しい。でも一方で、とても説得力のある強い提案が組み立てられる。クラスター分けをするツールは本当にいろいろあるけどそのうちのひとつを紹介しよう。

## クラスター分けに役立つ便利ツール

### People Profiler

電通による、マーケティングターゲットの可視化が可能な視聴者プロファイリングツール。生活者データベースd-campXやPDM Tunesなどの電通独自データに、テレビの視聴率測定、PC・スマートデバイスの接触状況と、プロフィールや態度変容などさまざまな意識項目を採録したシングルソースパネル※であるビデオリサーチ社のesXMPなどをまとめて活用し、さまざまな角度からより精緻なターゲットプロフィールを描くことができる。

※シングルソースパネル：同じ対象者（シングルソース）から、購買行動や意識、メディア接触など複数データを継続的に収集する調査方法。

購入意向者を可視化

# ソーシャルデータから分析する方法

ふたつ目が、ソーシャルリスニングだ。

文字のかたまりがみえますが、これ何ですか？

SNSなどのソーシャルデータ上のキーワードだよ。書かれているのはつぶやかれていたり、検索されている言葉。言葉の大きさが、その分量の多さを表しているよ。

これ全部ソーシャル上で実際に会話されていたキーワードってことですか！　おもしろーい！　具体的なキーワードだとなるほど、つぶやいている人がみえる気がします。

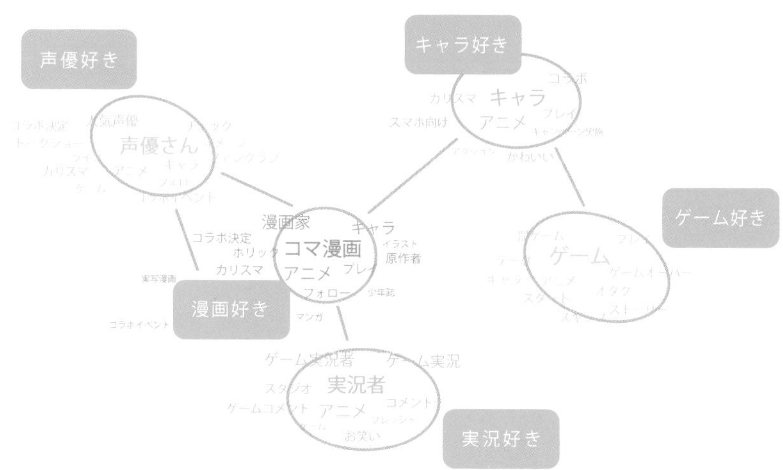


ソーシャルデータ上のキーワード

ソーシャルデータは、消費者の「生の声」の宝庫。その商品・サービス周辺で、世の中の人がどんなことを、どのくらいつぶやいているのか、どのように検索されているのかなどをみることで、近しい興味や目的をもち、SNSなどのコミュニケーション手段でつながっている人たちをみつけることができるよ。キーワードは、何に喜びを感じるかをみつめるヒントにもなるね。
さらに、ソーシャルリスニングは自力でできるので始めやすい。手助けしてくれる具体的なツールを紹介しよう。

## ソーシャルリスニングに役立つツール

### Google Trend (https://trends.google.co.jp/trends)

Google社が無料で提供する、キーワードの検索回数の推移がわかるツール。
アカウント登録不要かつ無料で、リアルタイムなデータから最新の検索動向がわかる。ある期間のキーワード検索推移を閲覧することも可能。メールアドレスを登録すれば、急上昇ワードからトレンド性の高いキーワードを探したり、チェックしたいキーワード・トピックを指定すると動向をメールで知らせてくれたりする機能もある。

### Twitter モーメントカレンダー

Twitter社が公式で無料で紹介している「◯◯の日」など、Twitterでの発話が多いキーワードを月日ごとにまとめた年間カレンダー。Twitterで過去に話題になったテーマやツイート数、ワードを無料で知ることができるため、顧客の心が動くモーメントを捉え、文脈にあった発信につなげられる。

**12月 DECEMBER**　#モーメントカレンダー

イベントカテゴリ ●記念日・祝日 ●季節 ●スポーツ ●エンターテイメント

| MONDAY | TUESDAY | WEDNESDAY | THURSDAY | FRIDAY | SATURDAY | SUNDAY |
|---|---|---|---|---|---|---|
| | | | 1<br>●Twitter<br>12/1〜12/25<br>●映画の日<br>●手帳の日<br>●カレー南蛮の日<br>●ワッフルの日<br>●リフトアップケアの日 | 2<br>●ゴルフ日本シリーズ<br>●映画「ブラックアダム」「月の満ち欠け」公開<br>●日本人宇宙飛行記念日<br>●奴隷制度廃止国際デー<br>●ビフィズス菌の日<br>●デーツの日 | 3<br>●映画「THE FIRST SLAM DUNK」公開<br>●国際障害者デー<br>●奇術の日<br>●妻の日<br>●プレイステーションの日<br>●みかんの日<br>●カレンダーの日 | 4<br>●福岡国際マラソン<br>●E.T.の日<br>●血清療法の日 |
| 5<br>●忘年会シーズン<br>●国際ボランティアデー<br>●バミューダトライアングルの日<br>●アルバムの日 | 6<br>●年末商戦期<br>●音の日<br>●姉の日<br>●シンフォニー記念日 | 7<br>●FNS歌謡祭<br>12月上旬水曜日<br>●クリスマスツリーの日<br>●国際民間航空デー<br>●神戸開港記念日<br>●世界KAMISHIBAIの日 | 8<br>●アルバムセラピーの日<br>●有機農業の日<br>●ジュニアシェフの日<br>●カレーパンの日 | 9<br>●冬のボーナス支給日<br>●障害者の日<br>●クジラの日<br>●クレープの日 | 10<br>●世界人権デー<br>●ノーベル賞授賞式<br>●アロエヨーグルトの日<br>●いつでもニットの日<br>●ベルトの日 | 11<br>●M-1グランプリ<br>12月日曜日<br>●ユニセフ創立記念日<br>●国際山岳デー<br>●胃腸の日 |
| 12<br>●漢字の日 | 13<br>●大掃除の日 | 14<br>●南極の日 | 15<br>●お菓子の日 | 16<br>●映画「アバター：ウェイ… | 17<br>●飛行機の日 | 18<br>●国際移民デー |

### Yahoo! JAPANのDS.INSIGHT (https://ds.yahoo.co.jp/service/insight/)

ヤフーの保有する行動ビッグデータ（検索と位置情報など）をもとに、一般消費者の興味関心・行動パターンを可視化できる。ユーザーがあるキーワードを検索した前後の時系列キーワードの検索や、同時に検索しているキーワードなどをみることで、インサイト、商品検討のプロセス、ターゲット像などの想定をすることが可能。オプションで、ターゲットのライフスタイルや興味関心を把握することでより詳細な人物像（ペルソナ）作成を支援するサービスもある。

### Meltwater (https://www.meltwater.com/jp/products/social-media-monitoring)

Meltwater社が提供するツール。ブログやニュース媒体などを含む13のSNSチャンネルを多言語でモニタリング。Twitterでは特定のキーワードについて過去・リアルタイムでどのくらいツイートされたかを複数のキーワードの掛け合わせや、期間・地域などの詳細設定と共に調査可能。共起キーワード・関連ツイートワードの可視化、ツイートがポジティブかネガティブかの感情分析もできる。

Meltwater

### mindlook®

電通が提供する、精緻なテキストマイニングを実現するツール。高度な自然言語処理技術と知見を集約した独自開発の辞書により、口コミデータを対象に81の感性、経済・IT・スポーツなど約800個のトピック、購買ステータス（ファネル）の分析が可能。投稿者がどの話題について、どんな気持ちで書き込んでいるかを分析することで、世の中の論調把握、顧客理解、ブランド評価ができる。

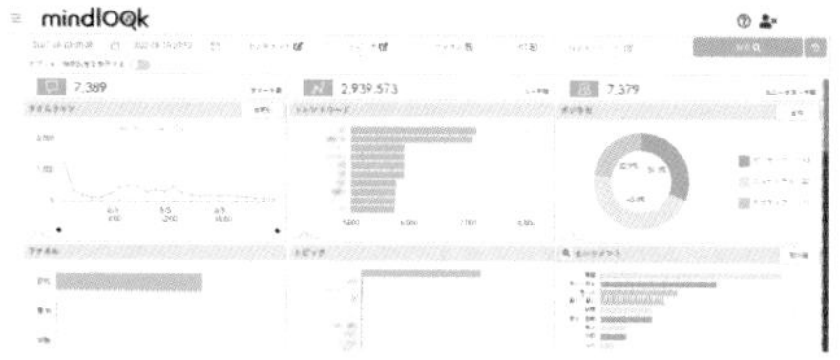


mindlOQk

### TREND SENSOR

電通が提供する、AIでビッグデータを解析することにより、流行キーワードを予測するシステム。SNS情報とマスメディアの情報を掛け合わせることで、新たな流行の兆しを発見する。

方法もツールもいろいろありますね。
どんなときにどれを使うといいんですかね？

0次分析（課題抽出のためにする最初の分析）として時間やお金をかけずにサクッとやるなら、ソーシャルデータをみてみるのがいいね。
新商品・サービスだとしても、その業界や競合商品について調べてみたり、クラスターの仮説をたててそれが合っていそうかみてみたりする。
広告を配信する場合は、2回、3回と続けていく中でクラスター分けをすれば、精度が上がっていく。
マスでコミュニケーションする場合や、今後コミュニケーションを重ねていく案件でしっかりクラスターを知っておきたいときは、時間をかけてDMPやアスキングデータからクラスター分けをしておくことが多いかな。

ふむふむ。商品やブランドの課題、あとは提案までの時間、予算によりけりということですね～。

といいつつ、絶対にこれが正解というものがあるわけじゃないし、いくつか組み合わせてやることもあるよ。

1-2

# 届ける相手の気持ちを考える カスタマージャーニーマップ

では次に、クラスターの人たちが、どんな悩みや喜びを抱いているのかを考えるひとつの手法として「カスタマージャーニーマップ」を紹介しよう。

カスタマージャーニー？

趣味や価値観、パーソナリティをもった架空の人物像（ペルソナとよぶ）の一連の顧客体験を「旅」に例えたもの。売り手目線ではなく、顧客目線でいろいろな課題に気づけて、どのタッチポイントでどんなコミュニケーションが必要かがわかるんだ。

顧客の気持ちの流れ

それを可視化したものがカスタマージャーニーマップ。時系列（ステップ）ごとに、タッチポイント、行動、思考、感情曲線などを、定量・定性（デプス）調査データやアイデアブレストを元に記入する。一人でも描けるけど、個人の思いに左右されないよう複数人でのワークショップ形式で考えるのが理想だよ。

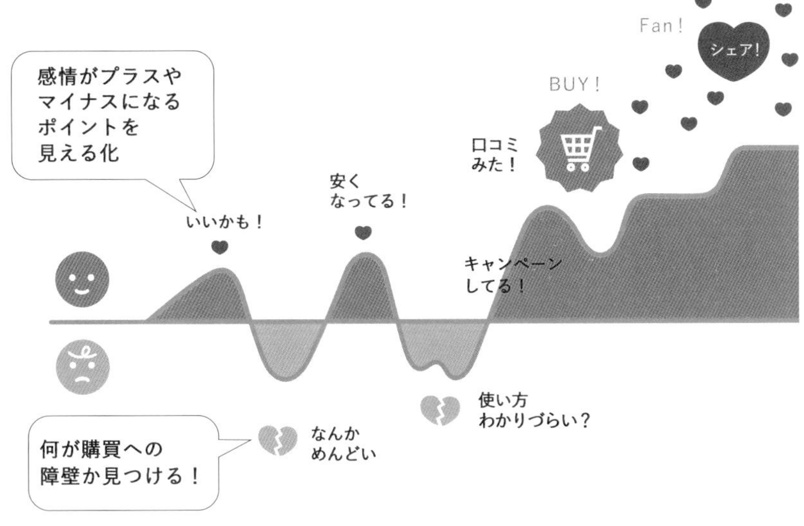
感情がプラスや
マイナスになる
ポイントを
見える化
いいかも！
安く
なってる！
キャンペーン
してる！
口コミ
みた！
BUY！
Fan！
シェア！
なんか
めんどい
使い方
わかりづらい？
何が購買への
障壁か見つける！

感情曲線のイメージ

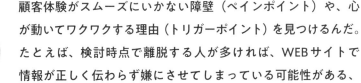

カスタマージャーニーに合わせて感情や行動を考えることで、顧客体験がスムーズにいかない障壁（ペインポイント）や、心が動いてワクワクする理由（トリガーポイント）を見つけるんだ。たとえば、検討時点で離脱する人が多ければ、WEBサイトで情報が正しく伝わらず嫌にさせてしまっている可能性がある、と推測するというようなことだね。

なるほど！　たしかに興味をもって調べても、購入予約しないといけなくて面倒で買わなかったものとか、アプリの登録に時間がかかってまた今度でいいかもって使わなかったサービスとかあります。

商品やサービスに興味をもった人すべてが、気持ちよく手にとってくれればいいよね。それは極端としても、顧客体験の設計が悪くて離脱する人を少しでも減らしたり、ブランドを好きな気持ちを増やしたりするヒントがみつかるかもしれないんだ。

理屈はわかりました！　でもそんな急に描けるかなぁ……。

最近、買おうかどうか迷ったものは何かある？

ちょうど「産直品食べちゃう会」っていうサービスを利用し始めましたよ。全国の生産者さんから、産直食材を定期で届けてくれるサービスなんです！　興味持ってから実際始めるまで、1ヶ月くらい迷ってましたかねぇ。

じゃああなたを例にして、その「産直品食べちゃう会」にまつわるカスタマージャーニーマップを具体的に描いてみようか。
まずはペルソナを決めよう。
できるだけ詳細な方がカスタマージャーニーを描きやすいよ。
今回はあなたがペルソナそのものだから、あなたにヒヤリングしてペルソナを描こう。サービスそのものと直接関係あることだけでなく、普段のライフスタイルや日々の暮らしぶり、楽しみなども詳しく聞かせてもらうと、よりいいね。

1-3
# カスタマージャーニーの描き方

料理大好き！　趣味は食べ歩き
産直サービス登録を検討している鈴木さん（24 歳女）
東京都三鷹市で一人暮らし　広告代理店勤務 1 年

- 一人暮らしを始めて自炊することが増え食材への興味が出てきた。
- 平日はコンビニで買い物がメイン。
- 道の駅、市場などをみるのが好き。生産者や生産物のストーリーも読む方だし、知ることで愛着がわく。
- 仕事の日は昼夜ともに外食が多い。
- 生鮮食品以外は通勤時間、夜中にネットで買い物をすることも多い。

①ゴールを設定。今回はサービスへの会員登録ののち頻度高く利用するまでとする。ペルソナの人物が行動する様子を想像しながら（調査データを元に）「行動」を記入。スマホ、店頭、友人などのタッチポイントも具体的に想像すると良い。

| | | | | | | | |
|---|---|---|---|---|---|---|---|
| 行動 | ●コンビニで「産直品食べちゃう会」受取冷蔵庫に気づく | ●スマホサイトへ<br>●料金や利用者の口コミを見る | ●他社サービスを調べる<br>●友人に聞く | ●アプリダウンロード<br>●初回割引キャンペーンを利用して入会 | ●継続客向けクーポン利用 | ●旬の野菜の定期サービス申込み | ●生産者との交流イベント参加<br>●周囲の人に勧める |

②ペルソナの人物が行動する様子を想像しながら（調査データを元に）「思考」を記入。合っているかどうかではなく、自分ならこう思うということをみんなで書き出して整理するのも良い。その思考がポジティブなのか、ネガティブなのかがわかると後で感情曲線が描きやすい。

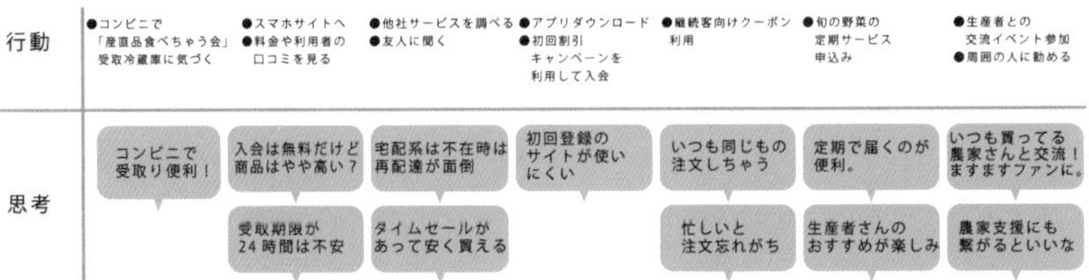

③行動、思考の流れが見えてきたら、全体を大まかなステップに分ける。
なおステップは、内容やゴールによって変わってくる。

| ステップ | 気づき | 情報収集 | 比較・検討 | 会員登録 | 継続購入 | アップセル | プレミアム会員化 |
| --- | --- | --- | --- | --- | --- | --- | --- |
| 行動 | ●コンビニで「産直品食べちゃう会」受取冷蔵庫に気づく | ●スマホサイトへ<br>●料金や利用者の口コミを見る | ●他社サービスを調べる<br>●友人に聞く | ●アプリダウンロード<br>●初回割引キャンペーンを利用して入会 | ●継続客向けクーポン利用 | ●旬の野菜の定期サービス申込み | ●生産者との交流イベント参加<br>●周囲の人に勧める |
| 思考 | コンビニで受取り便利！ | 入会は無料だけど商品はやや高い？<br>受取期限が24時間は不安 | 宅配系は不在時は再配達が面倒<br>タイムセールがあって安く買える | 初回登録のサイトが使いにくい | いつも同じもの注文しちゃう<br>忙しいと注文忘れがち | 定期で届くのが便利。<br>生産者さんのおすすめが楽しみ | いつも買ってる農家さんと交流！ますますファンに。<br>農家支援にも繋がるといいな |

④それぞれタッチポイントを記入する。ここでステップや行動に対してタッチポイントが足りないことが可視化されることもある。

| ステップ | 気づき | 情報収集 | 比較・検討 | 会員登録 | 継続購入 | アップセル | プレミアム会員化 |
| --- | --- | --- | --- | --- | --- | --- | --- |
| タッチポイント | コンビニ店頭 | スマホWEBサイト | スマホ友人口コミ | スマホ | スマホアプリ | スマホアプリ | スマホアプリ |
| 行動 | ●コンビニで「産直品食べちゃう会」受取冷蔵庫に気づく | ●スマホサイトへ<br>●料金や利用者の口コミを見る | ●他社サービスを調べる<br>●友人に聞く | ●アプリダウンロード<br>●初回割引キャンペーンを利用して入会 | ●継続客向けクーポン利用 | ●旬の野菜の定期サービス申込み | ●生産者との交流イベント参加<br>●周囲の人に勧める |
| 思考 | コンビニで受取り便利！ | 入会は無料だけど商品はやや高い？<br>受取期限が24時間は不安 | 宅配系は不在時は再配達が面倒<br>タイムセールがあって安く買える | 初回登録のサイトが使いにくい | いつも同じもの注文しちゃう<br>忙しいと注文忘れがち | 定期で届くのが便利。<br>生産者さんのおすすめが楽しみ | いつも買ってる農家さんと交流！ますますファンに。<br>農家支援にも繋がるといいな |

⑤ペルソナの気持ちを想像し話し合いながら感情曲線を描き、[山]（感情がポジティブになっている）＝　モチベーションが高いトリガーポイントと [谷]（感情がネガティブになっている）＝　障壁となるペインポイントを細かく洗い出す。企業側の希望やこだわりではなく、ユーザーの声、実態に沿ったものにすることが大切。

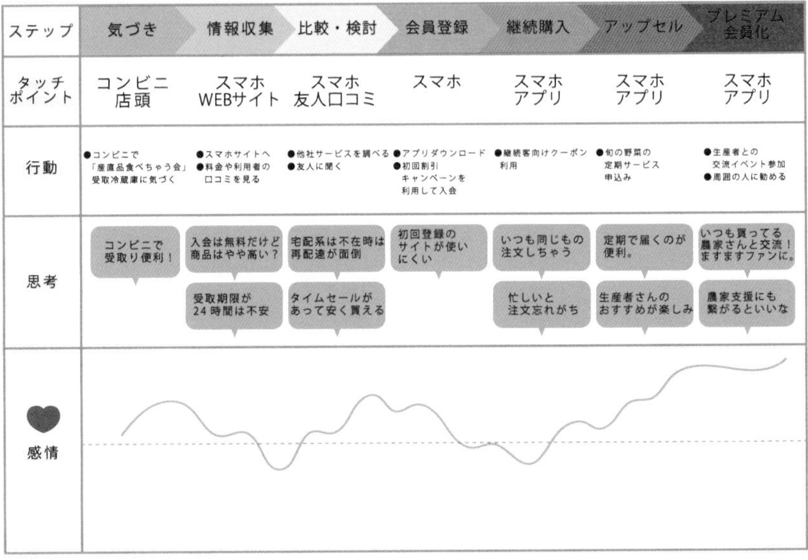

| ステップ | 気づき | 情報収集 | 比較・検討 | 会員登録 | 継続購入 | アップセル | プレミアム会員化 |
|---|---|---|---|---|---|---|---|
| タッチポイント | コンビニ店頭 | スマホ WEBサイト | スマホ 友人口コミ | スマホ | スマホ アプリ | スマホ アプリ | スマホ アプリ |
| 行動 | ●コンビニで「産直品食べちゃう会」受取冷蔵庫に気づく | ●スマホサイトへ<br>●料金や利用者の口コミを見る | ●他社サービスを調べる<br>●友人に聞く | ●アプリダウンロード<br>●初回割引キャンペーンを利用して入会 | ●継続客向けクーポン利用 | ●旬の野菜の定期サービス申込み | ●生産者との交流イベント参加<br>●周囲の人に勧める |
| 思考 | コンビニで受取り便利！ | 入会は無料だけど商品はやや高い？<br>受取期限が24時間は不安 | 宅配系は不在時は再配達が面倒<br>タイムセールがあって安く買える | 初回登録のサイトが使いにくい | いつも同じもの注文しちゃう<br>忙しいと注文忘れがち | 定期で届くのが便利。<br>生産者さんのおすすめが楽しみ | いつも買ってる農家さんと交流！ますますファンに。<br>農家支援にも繋がるといいな |
| 感情 | | | | | | | |

⑥ペインポイントを解決するアイデアを足して感情曲線が落ちないようにする。
強みであるトリガーポイントは、さらに有効にするアイデアも同時に考える。

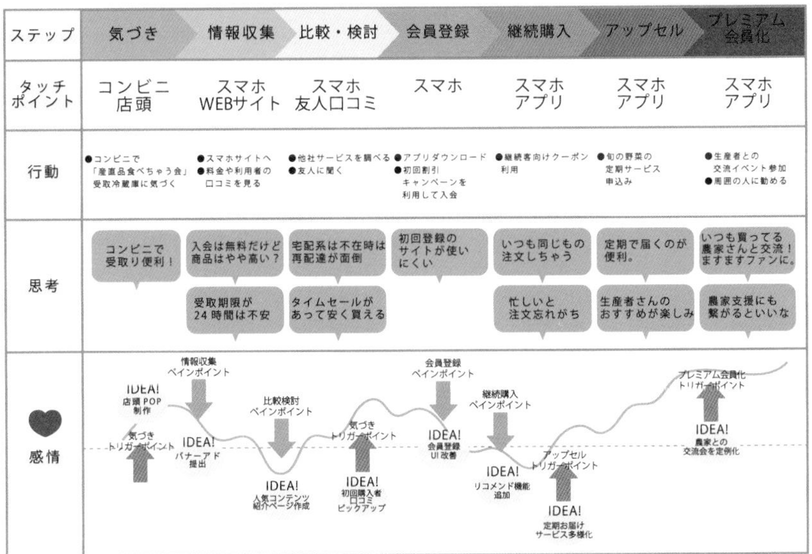

| ステップ | 気づき | 情報収集 | 比較・検討 | 会員登録 | 継続購入 | アップセル | プレミアム会員化 |
|---|---|---|---|---|---|---|---|
| タッチポイント | コンビニ店頭 | スマホ WEBサイト | スマホ 友人口コミ | スマホ | スマホ アプリ | スマホ アプリ | スマホ アプリ |
| 行動 | ●コンビニで「産直品食べちゃう会」受取冷蔵庫に気づく | ●スマホサイトへ<br>●料金や利用者の口コミを見る | ●他社サービスを調べる<br>●友人に聞く | ●アプリダウンロード<br>●初回割引キャンペーンを利用して入会 | ●継続客向けクーポン利用 | ●旬の野菜の定期サービス申込み | ●生産者との交流イベント参加<br>●周囲の人に勧める |
| 思考 | コンビニで受取り便利！ | 入会は無料だけど商品はやや高い？<br>受取期限が24時間は不安 | 宅配系は不在時は再配達が面倒<br>タイムセールがあって安く買える | 初回登録のサイトが使いにくい | いつも同じもの注文しちゃう<br>忙しいと注文忘れがち | 定期で届くのが便利。<br>生産者さんのおすすめが楽しみ | いつも買ってる農家さんと交流！ますますファンに。<br>農家支援にも繋がるといいな |
| 感情 | | | | | | | |

このように、カスタマージャーニーを描くとアイデアが必要な場所が可視化されてチームで共有できるんだ。アイデアすべてを実現しなくても、みんなで洗い出しておくと、プロジェクト全体をスムーズに進められるよ。

おぉ、できました！　実際やってみると、そんなに難しいことではないですね。
自分が知らず知らずのうちに頭の中で想像してやっていることを、データや、ワークショップによって精緻に描いていけばペインポイント、トリガーポイントが見つかるんですね。

本来カスタマージャーニーは人の数だけある。けれど、ある人が強く惹かれたり、障壁と感じることは、他の人も同じように感じる可能性が高い。一方で描いたものが、少ししたら時代や社会環境によって変わっていくこともよくあることだ。

でも目的は、マップをつくることではなくて、人の気持ちを考え、課題を整理し、共有することですもんね。

そう。洗い出したタッチポイントやチャネルはつくったものをどこで出すかの選定に役立つし、実際出てきたコメントは表現のヒントにもつながる。
CXクリエイティブで大切な、人をみつめること。そのために必要に応じてクラスター分けやカスタマージャーニーマップを使って、より体験をステキにしたり、よりワクワクするアイデアのヒントにしてみるといいね。

はい！　では、具体的な事例にそっていよいよCXクリエイティブをつくって……。

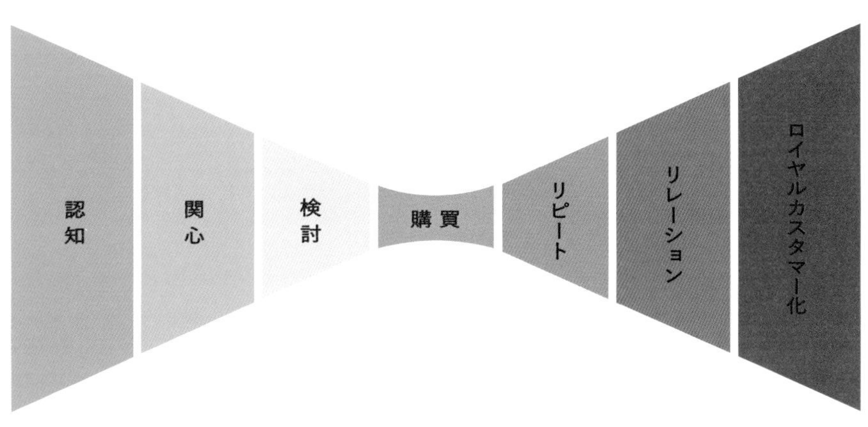


デュアルファネル®

その前に、もうひとつだけ！　この本では、CXの領域、そして顧客とブランドの関係性をデュアルファネル®で整理するので、少し説明させてもらうよ。

あ！　変な形のテーブル！

商品やサービスを初めて知る「認知」。
もっと知りたいと詳しい情報にふれる「関心」。
比較、情報収集をして購買につながる「検討」。
「購買」までを含む左側全体を新規顧客を狙ったパーチェスファネルとよぶよ。
そして、継続して他商品・サービスも使ってもらう「リピート」、よりブランドとの関係を深める「リレーション」、ファンになる「ロイヤルカスタマー化」までを含む右側全体がリバースファネルだ。

真ん中の「購買」に向かって細くなっているのはどうしてですか？

商品やサービスを知っても、実際いいなと思って買うものってそんなに多くないだろう？　つまり認知から購買に向かって、だんだん人数が減っていくことを細くなる形で表している。購買後はリピートしてもらったり、どんどんリレーションを高めたり。さらにポイントや会員限定サービスなどを通して、ブランドのファンになり、その結果その人のLTV（Life Time Value: 顧客生涯価値）が高まっていく。そのときの、一人ひとりの関与の広がりみたいなものを、右側の形で表現しているんだ。

おー、なんとなくですがわかりました！

CXクリエイティブを幅広く考えるために、もちろんいろいろな方法がある。ただ次の章からは、CXクリエイティブを考え始めたばかりの方にも理解しやすいよう、デュアルファネル®を使って説明していこう。

シェフの一口コラム

# Cookieレス時代とデータクリーンルーム

Cookieって、使っているブラウザをもとに、ユーザーを同じ人だって推定するものですね。

そう。いま個人情報保護の潮流を受けて、Cookieの利用に制限をかける動きが始まっているんだ。ユーザーのプライバシーを守ること、また、自分のデータがどのように活用されるか、ユーザー自身が主体となって選択していく傾向が強まっているよ。

たしかに！　最近、サイトに会員登録するときとか、アプリ登録するときとか、あちこちで許諾の確認が出ます。ユーザーにとっては、自分のデータがどう使われるのかを意識するいいきっかけになるかもしれないですね。

データがもっと社会に役立つ方向に変化していくという意味では歓迎されるべき潮流だといえる。だが一方で、これまで当たり前に活用してきたCookieが使えなくなると課題も出てくるんだ。広告でいえば、あるバナーをクリックしてサイトにきた顧客が購買したとして、そのバナー接触と、サイト来訪が同一人物であることをCookieで紐づけることが難しくなっている。つまり、どの広告が効いたのかわからないんだ。またそのサイト来訪者に対して再度情報配信をするリターゲット配信や、個々のニーズに合わせた広告を配信するのも難しくなっていく。

なんだかデジタル広告のよさが減ったような……。

Cookieに依存しないCookieレス時代には、企業が自ら顧客やWEBサイト訪問者に利用目的を具体的に提示し、データを企業に預けるメリットを理解してもらって、明示的な許諾をとることで得られるデータ（1stパーティーデータ）がとても大切になってくる。

ただ、そのような許諾の取れたデータも、それ単体だけでは、マーケティング活用に限界があるんだ。広告の効果を調べるという目的の場合は、広告に接触したかどうかのデータも必要だし、既存の顧客だけじゃなく、新規の顧客と比較しながら世の中への新しい発見を得るためには、データの掛け合わせが必要となる。

ではどうすればいいんですか？

そこで誕生したのが、データクリーンルーム。
プラットフォーマーから提供されるプラットフォームデータとプラットフォーム以外のデータとを統合し分析できる、プライバシーが保全されたクラウド環境のこと。プラットフォームが保有するインプレッション（広告の表示回数）データや顧客属性データと、クライアント企業や広告会社が保有する各種データを統合することで、継続的なマーケティングPDCAが実行できるんだ。

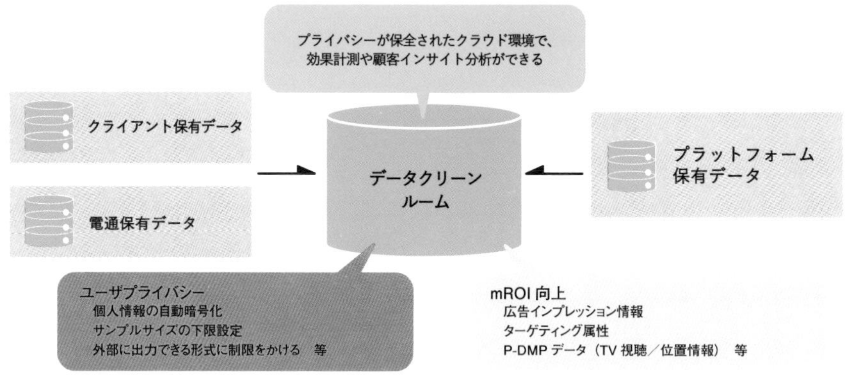


データクリーンルーム

ユーザーが事前に同意許諾したIDや情報のみで分析されていて、その点が、ともすると許諾が曖昧だったCookieとは違う。
クライアントごとに、そのクライアントの1stパーティーデータにプラットフォーマーの保有する数千万規模のIDデータ、さらにDMPなどの購買データ・行動データを掛け合わせて大規模なIDをデータ連携することも行われている。

データクリーンルームの中であれば、安全な状態でデータの分析ができるんですね。これからはデータクリーンルームを利用しながらクラスター分けをして顧客をより深く理解する機会も増えますね。

# 第2章

# 味付け

# 一人ひとりに
# 最適な体験を設計する

2-1

# 一人ひとり関心を持つ味付けは異なる

さーて、クラスターやカスタマージャーニーのこともわかったことだし、いよいよ実戦ですかね？

まあまあ、慌てない慌てない。ところであなたは、どんなラーメンが好きかな？

ラーメンですか？　んーと、私はこってりのとんこつラーメンが好きですね！

なるほど。私はあっさりな塩ラーメンが好きなんだ。ちなみにどんなときにラーメンが食べたくなる？

そうですねー。もうとにかくお腹が減って、なんかハイカロリーなものをガッツリ食べたい！　って思うときですかねー。あとはお酒飲んだあととか。

あはは、いいね。あなたにもそんな側面があるんだね。

ちょっとシェフ！　私のラーメンの話とCX、何が関係あるんですか!?

関係ありありだよ！

とんこつラーメン好きのあなたと、塩ラーメン好きな私。そして、

ラーメンが食べたくなるときもお互い違う……。

ほんとだ、明確に違いますね！

あなたと私では「ラーメン」の何に関心を持つかも違う。つまり、私たちが顧客だったら、同じアプローチをしてもどちらかは興味を持ってくれない可能性が高い。

なるほど、その人がどのようなものに反応するのか？　それを探っていくことが大事なんですね？

うん。そのとおり。ひと口に顧客といっても、みんな違うからね。好みの味だけでなく、中にはラーメンが大好きだけど、健康上食べるのを控えてる人もいるかもしれない。

それぞれの人生を生きている人をみつめる、ですね！

そう！　パーチェスファネルでは、ラーメンへの欲求や関心が似ている人をクラスターで分け、それぞれに、最適なアプローチをしていく。最適な体験を設計していくことが多いんだ。

うわー、なんかちょっとずつわかってきた気がします。でもシェフ、さきほど第1章でクラスター分けの種類はなんとなく紹介してもらいましたけど、なんていうか、もっと具体的にはどうやればいいのかがまだ自信ないんですよね。

そうだよね。でも安心して。次のページから段階を踏んで、説明していくから、じっくり聞いて自分のものにしよう！

2-2

# クラスター分析の手順

まずはクラスター分析の方法を説明しよう。第1章でも出てきたDMPを使って、「ラーメン」に関心を持っている人たちが、どんな人なのかをみつけていく（図の1）。どんな年代、性別の人が関心を持っていて、どんなキーワードと紐づいているかということも、分析できるんだ。

DMPには行動や購買データが入ってるからわかるんですね。

そうだね。ラーメンに紐づくキーワードや、意識データなどさまざまなデータを絡ませて、統計的に分析する（図の2）。
そうすると、どんな人が、どんな風にラーメンを食べたくなっているか、そのきっかけ（トリガー）が見つかる（図の3）。

どういう気持ちや理由かを調べるってことですね！

そしてラーメンに関心を持った人が、どんなキーワードに反応しているかを抽出したものが、図の3の下の吹き出しの中だ。

同じラーメンでも食べたくなるトリガーは人それぞれですね。
共感できるキーワードばかりです！

だいぶ共感できているようだね。ラーメンを食べたい衝動となる因子をもとにクラスターをさらに探っていくぞ。

# クラスター分析のアプローチ

## 1 電通 People DMP から ラーメン関心層を抽出

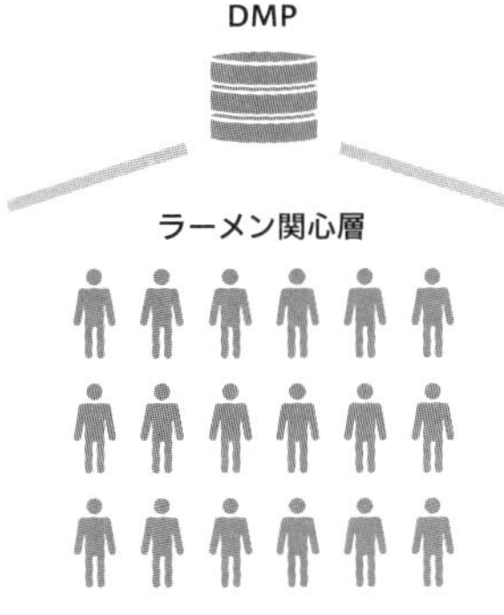


## 2 ラーメンに紐づくキーワードで クラスタリング

## 3 ラーメンを食べたくなるトリガーをみつけていく

ラーメンを食べたい衝動となる因子を抽出

ラーメン食べたいな

| | | | |
|---|---|---|---|
| ガッツリ食べたい | お腹が減った | デートで行きたい | 趣味のひとつ |
| インスタ映え | ストレス発散 | SNSで見たから | 寒い季節に食べたい |
| 自分へのご褒美 | お酒を飲んだ後 | 地元の味 | 友人に勧められ |
| ⋮ | ⋮ | ⋮ | ⋮ |

2-3

# クラスターを読み解く

先ほどの「ラーメンが食べたい衝動のキーワード」を右の図のようにカテゴライズしてクラスターに分けてみたぞ。

さっきとは明らかに違う並べ方ですね。

キーワードを、関連性の高そうなものを近くにおいたり、ボリューム感もわかるように整理したものだよ。

シェフが整理したってことですか？　すごくないですか？

たしかにこれをつくるには、観察力や目利き力が必要とされるが決して難しいものではないんだ。
ここでは大きく4つのクラスターに分けた。たとえばクラスターA、ここには「ガッツリ食べたい人」や「一人で気楽に食べたい人」「自分へのご褒美」みたいな感覚でラーメンを食べたくなる人がいるのだが、この欲望の数だけクラスターをつくるとさすがに多すぎるし、ターゲットの人数も分散してしまう。
だから、1つ上のレイヤーでみて、グループにすると、どれも「欲望満たしたい層」といえるな、と考えたんだ。
同じように、キーワードの特性からどんなグループにできるだろうと考えて、このように分けたんだ。

なるほど、今回はそうやってラーメンを食べたくなる人を、大

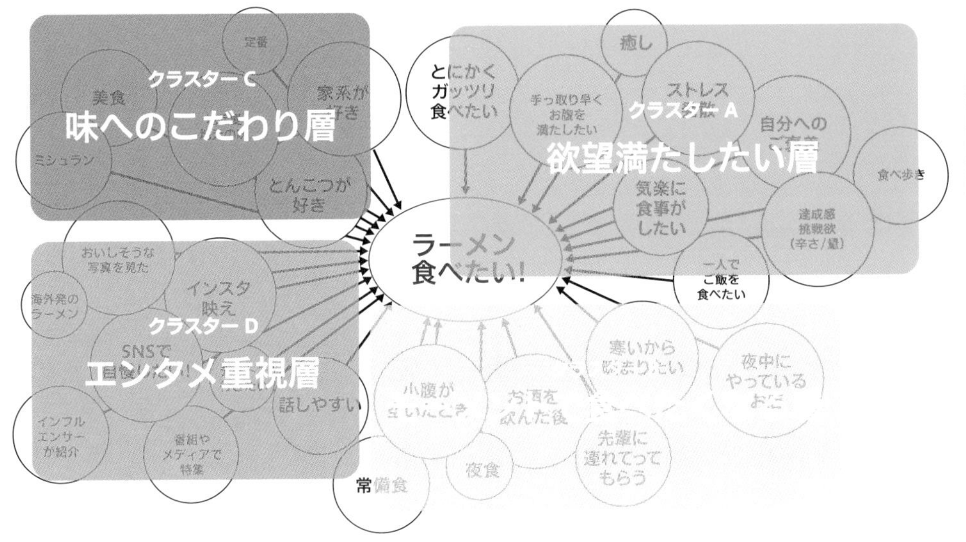


カテゴライズとクラスター分け

きく4つのクラスターに分けたってことですね。
これ面白いなー、たしかにこれらを理由にラーメンを食べている人って想像つきますもんね！　私も「欲望満たしたい層」かもです！
ちなみに、クラスターの数は4つくらいがいいんですか？

そうだね。普段の仕事でもだいたい3つか4つくらいのクラスターに分けることが多いかな。そのくらいがちょうど違いを出しやすいし、そこに当てはまる人の数も多くなる。また制作する動画のタイプ数も予算など考えると現実的だったりするよね。
では次のページから、このようにクラスター分けして、それぞれに向けた動画を制作した実際の事例をいくつかみていこう。

# 西武鉄道 WEB CM
# 「ちょっとラビューで秩父まで」

西武鉄道のミドルファネルにつかったWEB動画を例にしよう。「ちょっとラビューで秩父まで」というタイトルで「歴史巡ってきた！」篇、「食レポ！秩父グルメ」篇、「アウトドア満喫！」篇の3つがある。いずれも特急ラビューで秩父へ遊びに行きませんか？　という内容だね。

西武鉄道 WEB CM「ちょっとラビューで秩父まで」

3つの動画はそれぞれ、冒頭とラストは同じだけれど、それ以外は別のシーンが描かれていますね。これが、クラスターごとにアプローチを変えるってことですよね。

うん、まさにそうだね。この動画からクラスターを紐解くと……、図の左から順に

・歴史とか、伝統に興味がある人
・ご当地グルメや、おいしいものに目がない人
・アウトドアやレジャーが好きな人

となる。
同じ西武鉄道で秩父へ遊びに行きませんか？　というテーマでもよりクラスターごとの興味・関心に寄せるとこうなるんだね。

これ、わかりやすいですね！　ひと言で「秩父」といってもいいところはたくさんあるわけだし、行く目的もさまざまですもんね。
あとはなんか、見ているだけでワクワクしてくるっていうか、本当に心から楽しんでる感じもいいですね！

そこも大事だよね。ミドルファネル動画もただつくればいいわけではなく、やっぱりその狙うべきクラスターが何を求めているか、どうやったら心が動くか、そこはまさにクリエイティブの一番大切なところでもあるし、醍醐味だね。

ですよねー。私もこういうCMをつくれるようになりたいなぁ。

よし！　じゃあさらに事例をみて、理解を深めよう！

2-5 クラスター別アプローチの実例：その2

# Honda「N-ONE WEB MOVIE」

続いてのミドルファネル動画は、Honda N-ONEのWEB MOVIEを例にしよう。「N-ONEとオンリーワンな毎日を。」というテーマでキャンペーンが展開していたものだね。「ORIGINAL」篇、「Premium」篇、「RS」篇の3つがある。

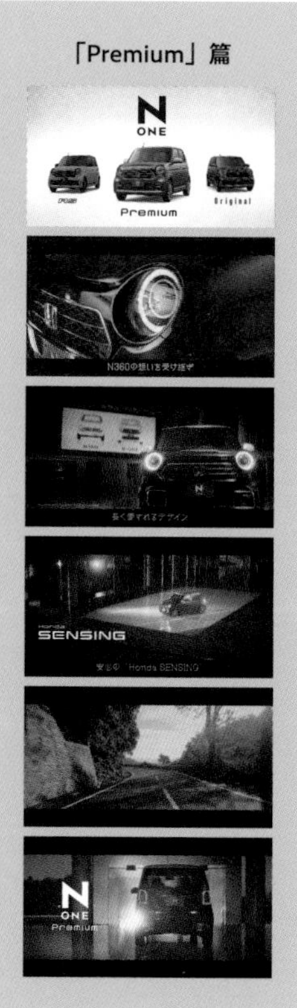

Honda「N-ONE WEB MOVIE」

これは先ほどの西武鉄道と違って、3つの動画に使われてるクルマの色も違うし、走ってるシーンや内容に大きな違いがありますね。これもクラスター別にアレンジしてるんですか？

とてもいい質問だね。HondaのN-ONEには3つのタイプがあって、そのタイプごとの特性にあったクラスター分けをしている。「ORIGINAL」はセンス重視、街乗り・おでかけユース層、「Premium」はN-ONEの思想、上質感・こだわり重視層、「RS」は走行性や先進性などのプレジャー重視層という感じで、それぞれアプローチしているんだね。

そっかぁ……、普段使いしたい人、上質感を求める人、それに走りにとことんこだわりたい人、この車がいいなって思う理由もまた人それぞれですものね。だから走っているシーンも違うし、映像トーンや、メッセージもそのクラスターの人が「あ、このクルマは自分向きだ！」って思えるんですね。

クルマのCMは、昔からたくさんあるけれど、こうやってどんどん進化しているんだね。ちなみに、あなたはどのタイプがいいなって思った？

私は赤のORIGINALですね！　狭い道も運転しやすそうだし、お買い物とかこのクルマで行ってみたいなー。んー、でもやっぱりドライブデートとかもいいなー。

夢が広がりますなー。

2-6

# クラスター分析の段階からクリエイティブ力を生かす

ここまでクラスター分けの仕方やクラスターごとに異なるアプローチをした事例をみてきたけど、どうだったかな？

クラスターとか、クラスタリングって今までフワッとしたイメージでしかなかったので、やっぱりこうやってシェフに教えてもらいながら具体例を見ると、理解度が上がりますね！
今度私も、ソーシャルデータからやってみようかな～。

いいね。でも、大事なのはクラスター分けではなくて……。

一人ひとりをみつめること！

そう！　アスキングベースの調査が基本だけど、大規模のサードパーティデータや一部の広告会社などのDMPがあると、デモグラ×意識・行動データのように複合的なデータを使えるので、改めて調査しないで済むから効率的だね。
我々クリエイティブにかかわる人間がインサイトを探るところから入れると、アウトプットをイメージしながら進められるから生み出すCXクリエイティブもグッと良くなると思う！

クリエイティブって、コピー書いたり、コンテ描くだけじゃないんですね。がんばらなきゃー！

その意気だ！　パーチェスファネルはクラスター別につくり分けていくことが多いといったけど、実はAIを活用して一人ひとりをより精度高くみつめる方法が開発されているんだ。

え、一人ひとりを!?　理想的じゃないですか！　しかもAIって！

そう。体験するコンテンツが、完全にひとりに向けてという時代がすぐそこまできているんだよ。早速、紹介していこう。
まずは、生活者インサイトを深掘り調査するAIチャットボット「Smart Interviewer」。従来の調査手法では難しかった一人ひとりに階層構造で深掘りした聴取を、大人数に、同時に実施することが可能だ。実証実験では、一般的なWebアンケート調査の自由回答フォームと比較して、一人あたりの回答文字量は4.3倍、回答切り口の数は2.4倍まで増加したんだ。

時間も節約できて、しかも深掘りできるなんて、ネーミング通りスマートインタビュアー！

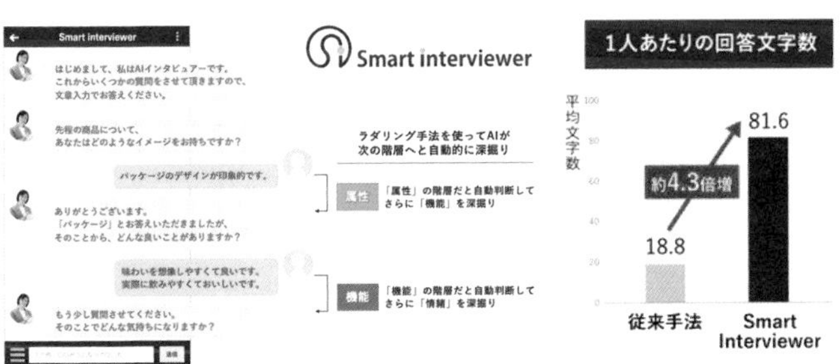

インサイトを AI チャットボットが自動で深掘り！「Smart Interviewer」

CXを考える上で大切な生活者インサイトの領域でも、AIは頼りになるんだ。お次は、チャット対話形式で、顧客に商品やサービスの紹介を行い、次のアクションにつなげる対話AIソリューション「Chatstaff」。

私、お店で店員さんと話すの苦手なところもあるので、いいかも！

まさにそういう声に応えるサービスなんだよ。利用者の質問したい内容を聞いて、必要な情報をわかりやすく表示する。利用者の聞きたい質問を聞きたいときにピンポイントで答えることが可能で、聞きにくい質問も機械（AI）だから聞きやすい。

CXをどんどん魅力的にできる時代ですね。

最後は、トヨタと電通で共同開発した「That'sくん」。店舗での待ち時間をお客様に楽しんでもらうための自称世界初「ひまつぶしAI」で、QRコードからアクセスできる。チャットで雑談やゲーム、占いなどを楽しむことができて、一部のトヨタ販売店で実証実験された結果、お客様から好評をいただいたんだ。

ボトムファネル「検討」の後押し！ AIセールスボット「Chatstaff」

たしかに待ち時間をつぶせるのはうれしいかも。

だろう？　しかも、実はやりとりの内容がいろいろと考えられていて、販売店としては、That's くんとのチャット内容からお客様のことを知ることができ、それをきっかけにお店のスタッフとお客様のコミュニケーションが深まり、その結果、CX を向上させることができる、というわけだ。

それは Win-Win ですね！

AI はボトムファネルの最前線、店舗でも大活躍できる可能性を秘めているんだ。

店舗内での待ち時間を有効活用！ AI キャラクター「That's くん」

裏メニュー①

# 最高の料理のための下ごしらえ

いろいろ勉強になってきたところで……。知る人ぞ知る裏メニュー的なものないですか!?

欲しがるの～。それでは、料理を進める上での下ごしらえ、要はミスなくスムーズに進めるためのコツ、知りたくないか？

え、コツ知りたいです！　コツコツは苦手ですが、コツは好きです。大好きです！

コツさえつかんでおけば「ああ！　あのとき、ああしておけば！」を減らすことができる。また、「この人わかってないなあ……」と思われることも減らすことができるんだ。

それめっちゃ大事じゃないですか！　早く教えてください！（これで楽できそうだなシメシメ……）

ただし、覚えておいてほしい。コツも結局は、コツコツ学び続け、コツコツ細かくチェックすることだ大事。そのコツコツこそがCXクリエイティブのちょっとしたコツなんだ。しっかりみっちり教えてあげよう。ついてこい！

## 必要な素材一覧表（OnOff統合チェックシート）

【AAA】OOMチェックシート　社外秘　© DENTSU INC. / DENTSU DIGITAL INC.

| チェッ | 制作形 | 配信メディア | 配信手法 | アスペクト比 | 秒数 | プランニング主 | 撮影主体者 | 編集主体者 | 字幕有無 | 必要素材 |
|---|---|---|---|---|---|---|---|---|---|---|
| ● | 動画 | TVCM | - | 16:9 | | | | | あり | TVCM素材 |
| ● | 動画 | Youtube | インストリーム | 16:9 | | | | | | |
| ● | 動画 | Youtube | インストリーム | 1:1 | | | | | | |
| ● | 動画 | Youtube | インストリーム | 9:16 | | | | | | |
| ● | 動画 | Instegram | フィード面 | 16:9 | | | | | | |
| ● | 動画 | Instegram | フィード面 | 1:1 | | | | | | |
| ● | 動画 | Instegram | Stories面 | 9:16 | | | | | | |
| ● | 動画 | Twitter | PC面 | 16:9 | | | | | | |
| ● | 動画 | Twitter | PC面 | 1:1 | | | | | | |
| ● | 動画 | Twitter | SP面 | 16:9 | | | | | | |
| ● | 動画 | Twitter | SP面 | 1:1 | | | | | | |
| - | 静止画 | 屋外ポスター | | - | - | - | | | | - |
| - | 静止画 | 店頭ボード | | - | - | - | | | | - |
| - | 静止画 | サイトMV | | - | - | - | | | | - |
| - | 静止画 | 静止画バナー | | - | - | - | | | | - |
| - | 静止画 | | | - | - | - | | | | - |

たとえば、仕事のたびに必要な素材の一覧表をつくるのはオススメだ。その仕事にかかわるすべての人がつくるべき素材を理解し、抜け漏れチェックがしやすくなる。CXクリエイティブでは、本当にたくさんの料理を必要とすることが多い。「あれ足りない！」と後々ならないよう、下準備をしっかりすることだ。

## 人物撮影のテクニック

人物撮影にもテクニックがある！　いわば、バナーの鉄板ポーズ集！　たとえば「指さしポーズ」の方向も、横や上や斜めや下向きもあった方が、情報の入れ替えが激しいデジタル上では便利だ。そういった「将来必要となるかもしれないポーズや表情」を撮影前に検討しておくことが大切なんだ。ここで簡単に洗い出したのでぜひ参考に！

裏メニュー②

# デジタル広告クリエイティブの流行の変遷

最新のはやりを「点」で知るだけでなく、過去から現在、そして未来へと「線」でCXクリエイティブの流れを理解することも大切だ。過去を知らないまま「あの人の料理ちょっと古いね」ということにならないよう、これまでの歴史を知っておくことも、上手にCXクリエイティブをつくり続けるためのちょっとしたコツの1つなんだ。

## デジタル動画広告の歴史

みんながパソコンでデジタル動画を腰を据えて見ていた頃は長尺動画が主流だったが、スマホからの視聴が増えたことでもっと手軽で6秒などの短いものが増えた。今ではさらにスマホに合わせ、縦型動画も増えている。

## デジタルバナー広告の歴史

デジタルバナーの誕生当初はシンプルな静止画が多かったが、カーソルを動かすことで触って遊べる「参加型バナー」が話題になった時期もあった。今では投票機能がついていたり、その日の天気に合わせてバナーを変えたりもできるんだ。

デジタル動画やバナーにも歴史アリですね。歴史を知るとプレゼンするときにも「自分の説明が時代に沿っているか」がわかり、自信を持って提案できそうです！

他にも、たとえばバナーづくりで悩んだとき、先人の取り組みを振り返ることで新しいアイデアが湧いてくることもある！

なるほど。つまり、歴史を知ることは未来をつくることでもあるんですね！

そうだ。過去を知り、ちょっと先の未来を想像しながら、その時代時代にあった最高の料理を届けていくことが大切なんだ！いいか、バナーの歴史も学バナーいかんぞ！

どれだけ時代が変わっても、親父ギャグは不滅ですね！

はっはっはっは！！！

# 第3章

# 調理

# ファネルごとに<br>メッセージを<br>選択・加工する

3-1

# 同じ商品でもタイミングによって「何をいうべきか」は変わる

よし、クラスターごとにクリエイティブをつくり分けていくぞ！

ちょっと待った！　今つくろうとしてるのはどこのファネル？

第１章で習った顧客体験の流れのどこか？　ってことですね。

そう。同じクラスターでも、ファネルのどの段階で情報を食べてもらうかによって、情報の「調理の仕方」が変わるんだ。

えー！　クラスターごとにつくり分けるだけじゃなく、ファネルの段階によってもつくり分けるんですか～!?

まぁまぁ、想像してごらんよ。デザートの後にアツアツの煮物を出されたら、あなただって食べる気をなくすだろ？　料理もCXクリエイティブも、相手がそのときどんなものを欲しがっているかに合わせてタイミングよく出すことが大事なのさ。

ここでも人をみつめることが大事なんですね。でも情報の調理って一体何するんです？

簡単にいえば、情報の調理とは「何をいうべきか選ぶこと」だよ。１つの食材でも味や食感、香り、食べ合わせ……いろんな特徴を活かした調理法があるよね。１つの商品にも名前や機能、

値段、デザイン……いろんな特徴がある。その中からどんな特徴を活かして商品のことを伝えるか。それが情報の調理さ。

では、実際何から手をつけていけばいいんでしょう？

たとえば新しい商品の「認知」を目的とするなら、お客さんに何をいってあげたらいいと思う？

「認知」って、知らない人に知ってもらうってことですよね。私だったら、まずは名前と特徴をいうかなぁ……。

その通り！　商品を知らない人にいきなり詳しい話をしても、何が何だかわからないよね。最初の一歩は、まず名前と人となりを知ってもらうこと。つまり、「商品名」と「どんな商品なのか？」を端的に伝えて「なんか良いやつ」と直感的に思ってもらう、第一印象で好意的に受け止めてもらうのが大事なんだ。

それはなんとなくわかりますけど、その後のステップで何をいったらいいかサッパリわかりません！

そうだな。ここに私が考えた健康飲料がある。これで具体的にイメージしてみよう。最近、私もお腹まわりが気になる年頃だからね……。

なるほどですね～。

……（ちょっとはフォローしてほしかった）。

架空の商品「HELUNO」（ヘルーノ）

3-2

# トップファネル（認知）

その人が、出会った瞬間に「自分にとって必要そう」「自分好みの商品かも」と感じて、商品やサービスに気づいてもらうことを「認知」とよぶ。それがトップファネルの目的だ。

「どんな商品なのか？」と「商品名」を端的に伝えていこう。一般的に認知には、テレビや新聞、雑誌、OOHなど幅広い人にリーチするメディアを使うことが多い。ただし必ずしもマスメディアの広告というわけではなく、YouTubeなどのデジタルメディアやPRなども認知を得るには有効だ。

## トップファネル広告の例（ポスター／OOH／店頭POPなど）

一番伝えたい「商品名」をビジュアルの目立つ所に置いて、しっかり目立たせる

「どんな商品なのか？」を端的に言葉で表そう。伝えたいことは1つに絞る！

## トップファネル広告の例
## (動画：TVCM/YouTubeなど)

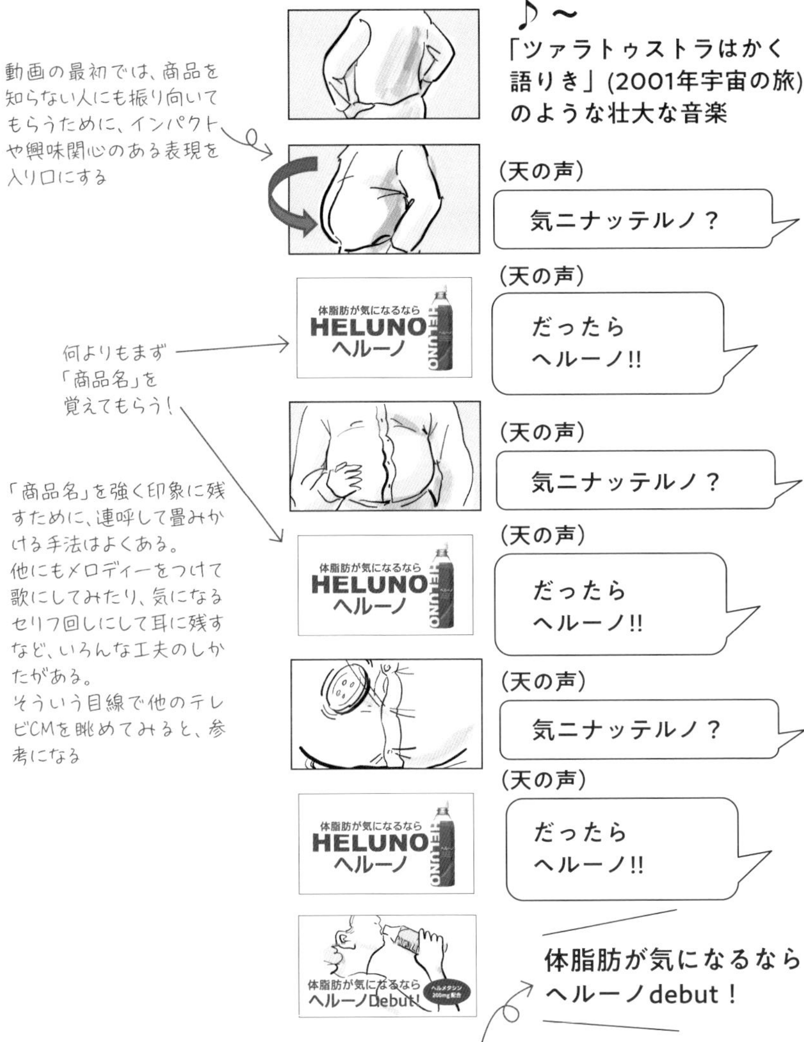

動画の最初では、商品を知らない人にも振り向いてもらうために、インパクトや興味関心のある表現を入り口にする
♪～
「ツァラトゥストラはかく語りき」(2001年宇宙の旅)のような壮大な音楽
(天の声)
気ニナッテルノ？
体脂肪が気になるなら
HELUNO
ヘルーノ
(天の声)
だったら
ヘルーノ!!
何よりもまず「商品名」を覚えてもらう！
(天の声)
気ニナッテルノ？
「商品名」を強く印象に残すために、連呼して畳みかける手法はよくある。
他にもメロディーをつけて歌にしてみたり、気になるセリフ回しにして耳に残すなど、いろんな工夫のしかたがある。
そういう目線で他のテレビCMを眺めてみると、参考になる
(天の声)
だったら
ヘルーノ!!
(天の声)
気ニナッテルノ？
(天の声)
だったら
ヘルーノ!!
体脂肪が気になるなら
ヘルーノDebut!
体脂肪が気になるなら
ヘルーノdebut！
「どんな商品なのか？」を端的に言葉で伝える。
伝えたいことは1つに絞ろう！
音声にするとより印象に残る


調理

3-3

# ミドルファネル（関心）

デジタルの時代になって、人は気になる商品を買う前にネットで調べることが多くなった。その商品・サービスをもっと知りたいなと「関心」を持ってもらい、自分に合っていると深く理解してもらう。詳しい情報で関心を持ってもらうのがミドルファネルの役割だ。YouTubeやバナー、ブランドサイトなどで詳しい紹介や動画を掲載することが多い。自分にぴったりの情報が見つかるほど納得度は高いもの。第２章の「一人ひとりに最適な体験を設計する」手法を活かしていこう。

## ミドルファネル広告の例（バナー：Twitterなど）

キーワードは「パーソナライズ」。クラスタの興味関心ごとに
ビジュアルやメッセージを変えたクリエイティブをつくり分けよう。
ピンポイントかつ具体的なメッセージが効果的だよ。

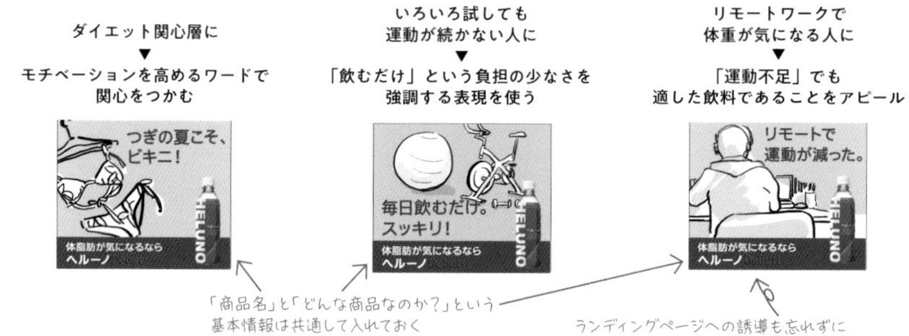

# ミドルファネル広告の例
# （動画：YouTube/Facebook/Instagram/Twitterなど）

## ターゲット別に3本つくり分けた場合

| ダイエット関心層に | いろいろ試しても運動が続かない人に | リモートワークで体重が気になる人に |
|---|---|---|
| ▼ | ▼ | ▼ |
| ①冬は減量に適した季節であることを入り口に | ①「三日坊主」という共感ワードを入り口に | ①共感できる具体的な悩みを入り口に |

①動画の冒頭でターゲットごとに興味関心を惹くメッセージを出しわける

体脂肪が気になるなら HELUNO ヘルーノ

だったらヘルーノ!!

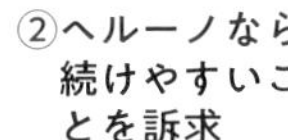

| ②ヘルーノは減量のプロも認めた飲料であることを訴求 | ②ヘルーノなら続けやすいことを訴求 | ②運動不足でも楽に効果が実感できることを訴求 |
|---|---|---|

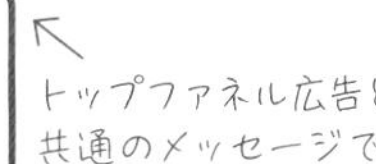
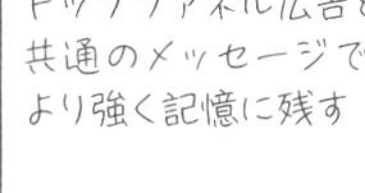

トップファネル広告と共通のメッセージで、より強く記憶に残す

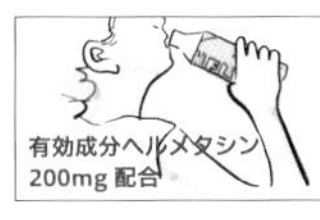

②トップファネル広告よりさらに踏み込んだ具体的な機能やベネフィット

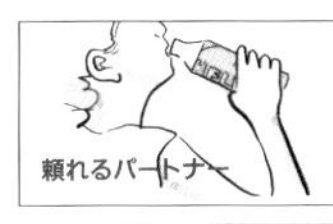

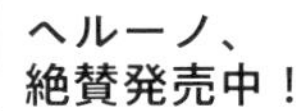

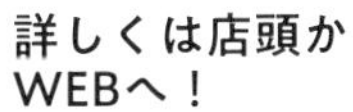


購買や詳細情報への誘導も忘れずに！

ターゲットや訴求内容ごとにつくり分けるため、クリエイティブのタイプ数が多くなる傾向にある。編集フォーマットを揃える、イラストやストック素材を活用するなど、コストと手間がかかりすぎない工夫をしよう

調理

3-4

# ボトムファネル（検討）

人が購買や申し込みをする手前の最後の接点がボトムファネル（「検討」）だ。すでに関心を持ってくれている人に、何を伝え、どんな気持ちになってもらえば使ってくれるかをしっかり考える必要がある。直接購買に結びつけるバナー・ECサイトや、リアル店舗に掲出される店頭ボード・POP。また、デジタル完結型なら広告の受け皿となる商品紹介ページ（LP：ランディングページ）などがある。人がついポチりたくなってしまうメッセージにはセオリーがあるので、マスターしておきたい。

## ボトムファネル広告の例（バナー：GDN/YDNなど）

「限定感」「特別感」「お得感」は購買に向け背中を押せる３大セオリーといっていい。ぜひメッセージに積極的に盛り込んでいこう。

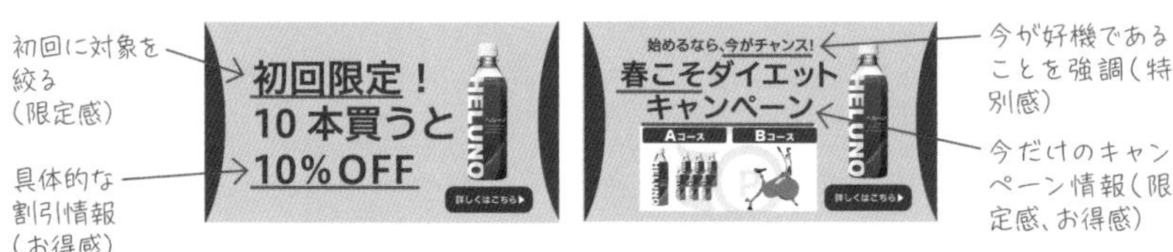


優先すべきは顧客が求める有益な情報を端的に伝えること。たとえば、価格情報・割引情報やキャンペーン情報などの具体的ファクトやメリットがあるといい。

# LP（ランディングページ）の設計

LPはバナーなどの広告から訪れたユーザーに、商品を詳しく紹介し、購買まで誘導する「オンラインの店頭」のようなもの。企業のいいたいことを一方的に伝えるのではなく、ユーザーにとって商品がどう役立つかをわかりやすくストーリーで伝えよう。実は、LPの構成にも「新PASONA」「AIDCA」とよばれる黄金メソッドがある。

## お悩み解決型商材向け<br>新PASONA（パソナ）

ユーザーがもつ問題・悩み・不満に寄り添い、その解決策として商品を紹介するメソッド。

**Problem**（問題提起）
ここでユーザーの悩みに寄り添う！

**Affinity**（親近感）
共感を深める

**Solution**（解決策）
一気にポジティブに！

**Offer**（提案）
説得力を深める

**Narrow down**（絞り込み）
チャンスだと思ってもらう

**Action**（行動）

出典）神田昌典著「稼ぐ言葉の法則――「新・PASONAの法則」と売れる公式41」(2016、ダイヤモンド社)

## 憧れ型・理想実現型商材向け<br>AIDCA（アイドカ）

魅力的な世界観・評判・ベネフィットで惹き込み、商品を手に入れたい欲求を刺激するメソッド。

**Attention**（注意）
評判や称号など魅力的な情報を入り口に

**Interest**（関心）
ユーザーの「こうなりたい」を刺激する

**Desire**（欲求）
理想を叶えるモノとして商品を紹介

**Conviction**（確信）
客観的な情報で信じてもらう

**Action**（行動）

出典）Kitson, H. D. (1921). The mind of the buyer: A psychology of selling. New York, NY: The Macmillan Company. / Bedell, C. (1940). How to write advertising that sells. New York, NY: McGraw-Hill. による

3-5

# リバースファネルのコミュニケーション（リピート、リレーション、ロイヤルカスタマー化）

一度購買してくれたユーザーは大事にしよう。彼・彼女らは買った後も、気に入れば「リピート」してくれたり、同じブランドの他の商品も体験して関係を深めてくれたりする（「リレーション」）とても大切な存在だ。広告という形にとらわれず、SNS、定期マガジン、アフターサービスやポイントプログラムなど、あらゆる接点で購買後もユーザーとつながり続けよう。究極のゴールは、ブランドに深い愛着を抱く「ロイヤルカスタマー」になってもらうこと。つまり常連さん化。ここでは購買後のユーザーがロイヤルカスタマーになってくれるまでの３段階（「リバースファネル」ともよぶ）における「つながりかた」の例を紹介していく。

## 購買後もユーザーとつながるメディアの例

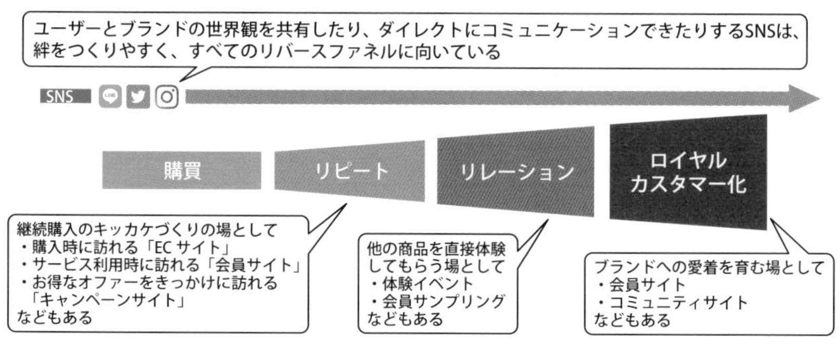

3-6

# リピート

調理

リピートは、ロイヤルカスタマー化へのファーストステップだ。一度買って終わりではなく、その後も使いつづけてもらうために、何を伝えるか、どんな体験をつくるか。便利・効果的・お得と感じてもらうなど「体験をつづけてもらう理由づくり」が大切になる。LINEのBOTシステムなどを導入してコミュニケーションをスムーズにするのもいい。

## つながりかたの例

### ECサイトで 定期購入をうながす

初回購買時に定期購入のお得さをアピールし、負荷なくリピートに導く

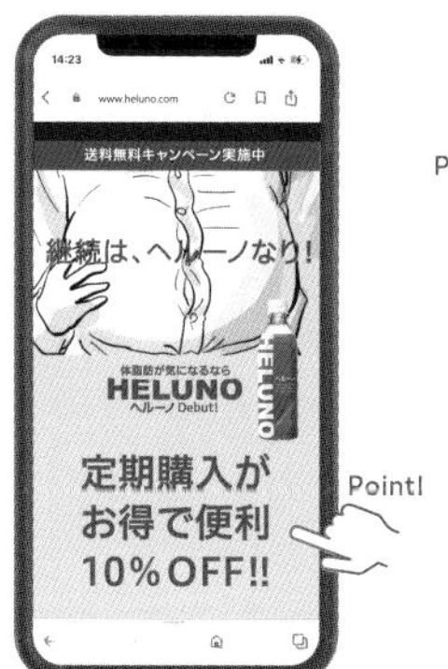


### LINE公式アカウントで 買い足しチャンスをよびかける

購買日情報を元に1to1で買い足しをよびかけ、スムーズにリピートに導く

### LINE公式アカウント等で ポイント制度をつくり、習慣化する

購買や利用のたび成果を記録。達成報酬を用意してリピートの動機をつくる

定期購入にとどまらず、サブスクリプションサービスを開発するのもCXにできることの１つだよ

いつものSNSでこういわれると、あ、私大事にされてるんだな～って思いますね

3-7

# リレーション

リレーションは、ユーザーとの関係を深めていくこと。ユーザーにもっといい体験を提供できないか試行錯誤し、新商品や商品のグレードアップ化にもつながったりする。たとえば化粧品を買ってもらった場合、化粧水や乳液もセットで体験してもらうことを「クロスセル」という。たとえば通信キャリア会社がスマホを契約してもらった後で、足りなくなったデータ容量のグレードアップをおすすめすることを「アップセル」という。

## つながりかたの例

### 会員向けメールマガジンで グレードアップした商品を 優先的に紹介する

既存顧客への特典として、新商品や上位商品を通常より購入しやすくする

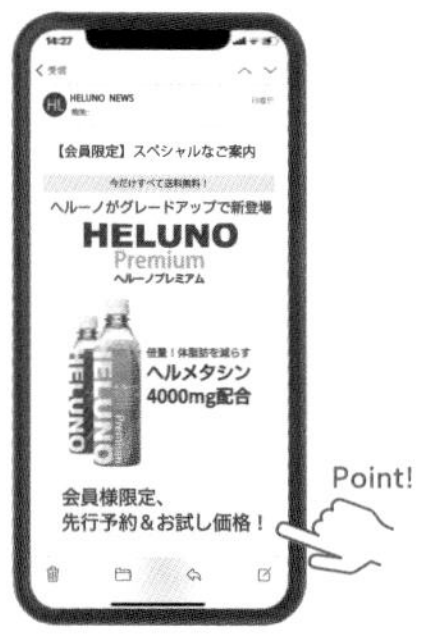


### SNSで 商品のニュースをいち早く 投稿する

公式アカウントのフォロワーに、商品情報を定期発信・先行発信する

### 同梱チラシで サンプルを提供して 実感してもらう

商品配送時に、他商品のサンプル品とチラシを同梱し、興味を持ってもらう

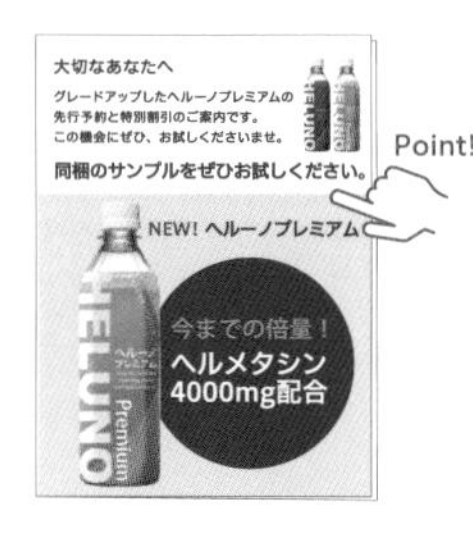


うーん、今の暮らしがさらに良くなりそうだと思うと、ついつい欲しくなっちゃうなぁ。
「会員限定」や「先行予約」も、特別扱いされてる感じがして嬉しくなっちゃいますよね。

3-8

# ロイヤルカスタマー化

調理

ユーザーとのコミュニケーションの最終目標は、ブランドのロイヤルカスタマーになってもらうこと。彼・彼女らは愛着を持ってまわりにもお勧めしてくれたり、ブランドを応援してくれたりする強い味方だ。

ロイヤルカスタマーが多いブランドは強いし、長生きするだろう。一人ひとりを大切にしたり、ブランドを好きでいてくれる人同士を巡り合わせたり、顧客とつながり続ける場を設けたりして、ブランドへの誇りや愛着を育てていこう。

### つながりかたの例

コミュニティサイトで
**ユーザー同士の仲間意識を醸成する**

ユーザー達が交流・情報交換できる場を提供し、愛着や商品理解を深める

インスタライブなどで
**ユーザーとリアルタイムにつながる**

公式アカウントからライブ配信し、商品の紹介やユーザーとの交流を行う

会員サイトを設けて
**お得意様を特別扱いする**

購入・利用実績に応じたステータスを用意し、特権や特典を付与してさらに絆を深める

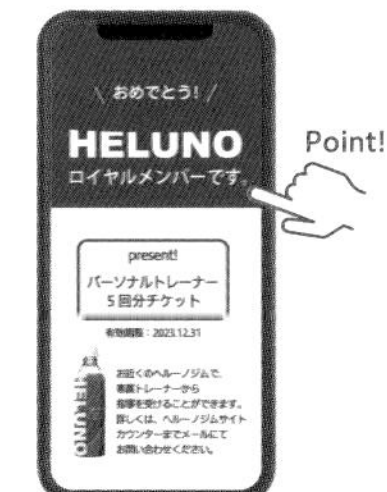


ファンからの口コミや推奨を自然に引き出せるといいね。

なんていい関係……！
もう、一緒にブランドを育てていく仲間みたいな存在だな～。

3-9

# ファネルごとのメッセージまとめ

**第3章の話をまとめると、このようになる。**
**一般的に、人が欲しいと感じる情報はファネルの左から右へ、つまり広く浅い情報から深く詳しい情報へ流れていく。だから、そのときによって効果的な情報の示し方も変わるよ。**

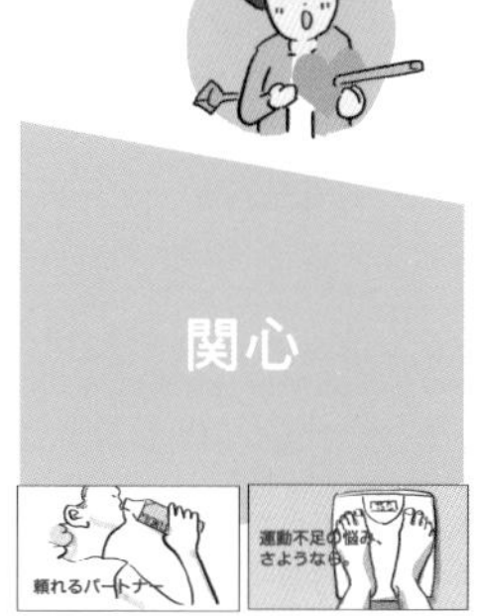

検討

| | 認知 | 関心 | 検討 |
|---|---|---|---|
| 代表的なタッチポイント・メディア | TV、新聞、雑誌、OOH、YouTube、イベントなど | YouTube、SNS、ブランドサイトなど | バナー、店頭、ECなど |
| 考慮すべきポイント | 一番伝えたいことが端的に伝わるか？ | 適切な相手に具体的なベネフィットが伝わるか？ | 最後に背中を押す限定感・特別感・お得感や説得力はあるか？ |
| 典型的なメッセージ例 | 体脂肪が気になる人のヘルーノ、デビュー！ | 通勤が減って運動不足……。そんなあなたに。ヘルーノ飲んで代謝アップ！ | 今なら1週間限定で10本セットが10%もお得！ |

一般的なジャーニーの順番 →

架空の健康飲料
「ヘルーノ」

SNS、
会員サイト、
ECサイト、
キャンペーンサイト
など

SNS、体験イベント、
会員サンプリング、
DM、メルマガなど

SNS、会員サイト、
コミュニティサイト
など

利用し続けたくなる理由はあるか？

今よりいい体験ができると思えるか？

愛着や特別感を感じてもらえるか？

続けて飲んでポイントGET！　便利な定期購入なら、さらにお得！

急いで効果を出したい人に「ヘルーノプレミアム」登場！
ヘルーノ会員限定で先行予約受付中！

ランクアップ、おめでとうございます！
ロイヤルメンバー様だけにジムチケットをプレゼント！

調理

第4章

# 盛り付け

# 体験を最適な器と<br>表現で届ける

4-1

# 体験をどの器に盛るか？——最適な場所・プラットフォームを選択する

ここまで学んできて、ファネルごとにメッセージを書き分ける方法がすこしわかってきたかな？

はい！　がんばったので、お腹がすいてきました！

ははは、元気だなー。

シェフ質問があります！　ヘルーノで考えたミドルファネル動画はどのメディアで流すのがいいでしょう？

おっ、やる気満々だね！せっかく考えた動画だから最適な場所で流したいよね。

そうなんです！　やっぱりYouTubeですかね？

YouTubeも1つの選択肢。でもターゲットを考えたときにそれ以外もありうる。あなたが普段見ているSNSは何かな？

Twitterです。あ、インスタもよく見ます。そうか、ターゲットが見てるメディアを選ぶのが重要ですね！

いい視点だね！　目的やターゲットによってメディアをキチンと選ぶ。そのためにメディアの特性を理解するのが重要だ。

でも、買うときに参考にしているのは広告だけかな？

Twitterでフォローしている人のコメントを見たり、チャンネル登録しているYouTuberの案件動画を見たり、いろいろ見てますね！

そうだね。1つの商品を購入するまでに広告だけでなく、人の口コミや企業の公式チャンネルなど、さまざまなメディアや体験を経て買うだろう。

たしかに！　しかも、買うまでだけでなく、買った後もですね！

まさに！
買った後、その使い方を公式チャンネルで詳しく見たり、もっとほしくなってファンになったりと、体験は続いていくね。

うっ！　やっぱり、まだお腹すいてないかも……。

ははは っ。まずはメディアの役割や特性、全体をしっかり整理すれば大丈夫！　また、お腹がすくよ。

ほっ！　よかった。

4-2

# トリプルメディアの考え方

メディアごとの特徴に入る前に、まずはさまざまなメディアを俯瞰した特徴や活かし方を意識しよう。そのときに「ペイドメディア（Paid Media）」「アーンドメディア（Earned Media）」「オウンドメディア（Owned Media）」の3つをさした「トリプルメディア」の考え方が役に立つ（ペイド、アーンドオウンド、シェアードメディアの4つに分けた「PESOモデル」の考え方もある）。それぞれ詳細は以下を見てほしい。

### ペイドメディア（Paid Media）

お金を払ってメディア露出をする、マスメディア、OOH、WEBメディア、PR記事広告などのメディア。限られた期間で、認知や理解、集客など効率的に目標を達成することに役立つ。

### アーンドメディア（Earned Media）

自らがコントロールせず、商品やサービスに関してふれられたメディア。
TV番組や、記事、レビューサイト、個人のブログ、SNSなどのメディア。商品やサービスの良い評価が自然と生まれれば信頼を獲得するのに役立ち、情報の拡散に寄与する。その自然発生的双方向のコミュニケーションを生むためにも、ペイドメディア・オウンドメディアと合わせて戦略的に活用することが大切。

### オウンドメディア（Owned Media）

自分が管理しているWEBサイト、メールマガジン、自社SNSアカウント、アプリ、自社店舗などのメディア。
生活者と長く密接につながって、商品やブランドの世界観を理解してもらいファンを長く獲得するのに役立つ。

こうして整理すると、YouTubeやTwitterなどは、ペイドとしてもアーンドとしてもオウンドとしても使えるメディアであることがわかるね。
どんなユーザーがみているメディアに、自社アカウント（オウンドメディア）をつくるか？　どこで配信（ペイドメディア）するほうが効率的か？　など、ファネルのなかでの使うべきメディアが想像しやすくなるはずだ。

同じメディアでも、オウンドとして使うのか、ペイドで使うのか。
それによってみている人が受ける印象も変わりますね！
深いな〜、CXクリエイティブ！

OWNED!
オウンドメディア
商品やブランドの世界観を
理解してもらいファンを
長く獲得するのに役立つ
公式YouTubeチャンネルなどの
自社アカウントや、サイト、
アプリ、店舗など
EARNED!
アーンドメディア
信頼を獲得できるのに役立ち、
情報の拡散に寄与
SNSで話題になっている
投稿や、レビューサイトの
コメント、ブログなど
PAID!
ペイドメディア
限られた期間で、認知や理解、
集客など効率的に目標を
達成することに役立つ
広告として配信するYouTubeや
SNS投稿、マスメディア広告など

盛り付け

どうかな？　ちょっとはお腹すいてきたかい？

はい、3つの役割でメディアを整理すると。お腹も整理されてきました。今なら、カレーライス3杯はいけそうです！

いいね！　では質問。カレーライスはどんなお皿に盛り付ける？

そうですね。銀の楕円の器でしょうか。でも、ちょっとだけ食べたいときに、茶碗のご飯にカレーをかけて食べるのも好きです。これCXと関係あるんですか？

もちろん！　メディアとコンテンツの関係に置き換えられるんだ。お皿をメディア、カレーライスをコンテンツと考えるとCXの関係性がわかりやすくなるよ。

同じ目的でつくった動画でも、メディアによっておいしそうにみえたり、そうじゃなかったりするってことですか？

その通り！　顧客と接する場所によってコンテンツの内容を調整する必要があるんだ。

広告だけじゃないですもんね！

すばらしい。たとえば、同じ動画でも、自社WEBサイトに格納するのか、自社SNSアカウントで配信するのか、広告配信するのかによって変わってくる。

ペイドメディア、アーンドメディア、オウンドメディアの考え方ですね。さっき教わりました！

まさにそれ！
そして、ペイドメディアで広告配信する場合でもターゲットによって選ぶメディアを変えた方がいいし、メディアによって動画もちょっとした変更をする方がもっとみやすくなる。

おいしそうにみえるってことですね！

ははは！　あなたは本当にくいしんぼうだね！

はい！　お腹かがすいてきたので、早くもっと知りたいです！

では、お皿をメディア、料理を動画と考えると、どの皿を選ぶか？　そのお皿の上でどう盛り付けるか？　が大切。それぞれの盛り付けのコツ、Tipsをみていこう！

はい！

ここで紹介するTipsはもちろん、メニューなどは今現在のもの。プラットフォーマーはブランドやサービス、クライアントのために日々新しいソリューションを開発しているから、我々も常に最新の情報を掴んでいないといけないよ！

日々進化するCXですね。ますます楽しくなってきました！

4-3

# YouTubeの特性とTips

YouTube

まずはYouTubeだ。長尺の動画がアップできるため、教育系からバラエティまで幅広いジャンルのチャンネルがあり、どんどん多様な世代、多様なコンテンツに広がりをみせている。スマホからの視聴だけでなく、今や多くの人がコネクテッドTV（インターネット回線に接続されたテレビ）からもみていて、個人試聴からみんなでみるメディアへと拡張している。

動画が中心だから、結構みんな音声ありでみてるんですかね？

そう！　95%の人が音声ありでみているのが特徴のひとつ。もはや「デジタルテレビプラットフォーム」といえる。オウンドメディアとして公式チャンネルを開設し、企業やブランド、サービスの特徴を訴求しながらファン獲得、ロイヤルカスタマー化を目指す場合は、一方的に自社の商品を紹介するだけでなく、視聴者がみたくなる内容を考え、継続的なエンゲージメントを目指そう。ペイドメディアとして使う場合は、テレビCM同様、コンテンツ動画の前後や間に広告として入るので、スキップされないように、ストーリーを考えるのがとても重要だ。

広告のメニューにはどんなものがあるんですか？

代表的なのは、6秒動画のバンパー広告、長い秒数を流せるTrueViewインストリーム広告（5秒でスキップが選択できるスキッパブル広告とノンスキッパブル広告がある)、マストヘッド広告などがある。またLPなどへの遷移などコンバージョン獲得を目的とした動画アクションキャンペーン（Video Acitoin Campaign:VAC）などの配信方法もあり、日々進化している。

## 6秒バンパー

バンパー広告は動画の再生前後、または再生中に表示される。6秒以内の短い時間でいかに記憶に残せるかがポイントだ。

Tips

・訴求内容はひとつに絞りとにかくシンプルにする
・6秒間で記憶に残る映像的なインパクトを重視
・タイトルやナレーションを大きく表示する

## TrueViewインストリーム広告

5秒でスキップが選択可能なスキッパブルのインストリーム広告は、初めの5秒で最後まで見てもらう工夫が必要だ。

Tips

・最初の5秒で、その後のストーリーを想像し、期待させる
・はじめに動画のタイトルを表示してあげるのも有効
タイトルを読めばこの後何が起こるかわかりやすいし、もしスキップされても、いいたいことを残すことができる。
視聴者が気になるタイトルも考えてみよう。

## 長尺動画

YouTubeの動画広告とはいえ、いつも短く、インパクトがあるものとは限らない。長尺では、最後までみてもらえる工夫（共感・ストーリーテリングなど）をしながら、商品やサービスのブランドとのエンゲージメントを強めることもできる。目的によって、YouTube広告のどのメニューを使うのか、どういった秒数、内容にするのかを使い分けよう。最新のメニューは随時チェックしておきたい。

### Galaxy の広告の事例

Galaxyの広告で「家族の絆」をテーマにした動画。YUKIの曲をアイナジエンドが歌うという北海道出身同士のコラボレーションも共感を呼んだ。ブランドに永く強く惹きつけるために、人々を強く共感させる長尺ストーリーをつくれるのもYouTube広告ならではといえる。

Galaxy の動画広告

4-4

# Facebookの特性とTips

Facebookは原則実名で登録するSNSですよね？

そう、まさに「実名ソーシャルメディア」。年齢や性別、居住地、ライフステージから学歴まで、個人情報をここまで正確に把握できるメディアは他にない。

実際の友達や仕事関係の知人とつながっている事が多いですよね。

実名だから、自然とそうなる事が多いかもね。動画広告は、フィード上で広告が自動再生されるインフィード広告と通常の動画広告とリンクがついているリンク広告、動画中に再生されるインストリーム動画広告などがある。もちろん静止画のバナー広告もある。
自社のアカウントを簡単に開設することができるため、企業や商品、サービスの特徴を継続的に発信するオウンドメディアとしても活用できる。またFacebookグループが作成できるので、ファンの中でコミュニティーをつくることも可能だ。
開設後は継続的な発信をし、ひと目で目に留まる画像や映像、中の人が見える親近感あふれる発言、ユーザーとの交流を心掛けて、ファン獲得、ロイヤルユーザーの獲得を目指していこう！

盛り付け

# インフィード広告のポイント

Facebookに限らず、ソーシャルメディアのフィードに表示される広告は、見ている人の指を止めるために、コピーやビジュアルがより重要になる。

Tips

- 広告を紹介するテキストをわかりやすく
- 画角は1:1や4:5がおすすめ。画角を大きくして画面専有率を上げる
- カット数を少なくワンシーンで完結させてストーリーをわかりやすく
- 関心をひいて購買してもらうには動画の長さは12秒前後が最適
- 音を出してない人が多いので、字幕は必須

このようにすでに確立されたテクニックを積極的に使おう。さらに、同一クリエイティブでもコピーの入れ方やビジュアルの使い方を変えると効果が異なってくる。

### リーチやブランド認知の場合

セパレートタイプクリエイティブ

ロゴや訴求内容が常に表示されているために、流れてしまいやすいインフィードでも伝えたい内容をしっかりと視認できる

フルビジュアルタイプクリエイティブ

画面占有面積のインパクトから、指が止まり、クリックしたくなりやすい

4-5

# Instagramの特性とTips

次はInstagramです！　きれいな写真や動画がいっぱいですよね～。

好きなインフルエンサーが紹介する服やお店などを、#（ハッシュタグ）から情報を収集する“タグる”という文化が生まれるなど「好き」や「欲しい」をつくるプラットフォームだね。「ビジュアルタグメディア」といえる。

特徴は、シェア機能が搭載されていないこと。
フォローしてないと新しい情報が表示されにくいため、ロイヤリティーが高いつながりが多い。
動画広告は「インフィード」と「ストーリーズ」「リール」の3種類。いずれもユーザーの投稿に寄せた選出が好まれるのでタレントが出演する場合は、本人目線、あるいはユーザー目線の動画ほど見てもらえる傾向がある。

私よくインスタライブみてます！

公式アカウントをオウンドメディアとして活用する場合は、ファンとの交流の場としてインスタライブを活用するのも特徴を活かした使い方だ。
リバースファネルのメディアとしても活用できるぞ。

盛り付け

## ストーリーズ

画面いっぱいに動画が流れるストーリーズは、高速で横スワイプするユーザーの指をいかに止めるかが重要になる。
冒頭でいかに惹きつけるかを考え、インパクトあるフォトジェニックな没入感を動画でつくることが欠かせない。

Tips

- ワンカット、ワンシーンでわかりやすい内容
- コピーや絵文字などを飛び込ませるなど動きをつけることで見逃さない仕掛けをつくる
- 動画中でも縦スワイプでサイトに飛べるスワイプアクション

### ABC マート　7ORDER 夏推しアイテムキャンペーン

視聴者側の女性の一人称視点でムービーが展開される。商品が映る足元からスタートして、見上げるとタレントが現れ、ちょっとドキッとするわかりやすいストーリー展開が、ストーリーズ広告のお手本事例だ。

ABC マートのストーリーズ広告

### ファミリーマート　#ラブフラッペキャンペーン

フラッペづくりにトライしているワンシーンの元々16:9の横長動画をストーリーズ用に縦長に編集しなおしている好事例。単に拡大して縦長にするのではなくて、三段に段積みしたり、コピーを大きく配置して、情報を多くして動きをつけたり、その上で、タレントの目線がこちらに向いているタメをつくったりと、ストーリーズ動画のお手本になる。ぜひ取り入れてみよう！

ファミリーマートのストーリーズ広告

## リール

リールは、最大90秒の短尺動画を共有できる機能（2022年10月現在）。ストーリーズ同様に、スマホに全画面表示され、BGMやARエフェクトなどの編集ができる。

発見タブにも表示されるため、フォロワー以外のユーザーにもみつけてもらいやすいことが特徴だ。

盛り付け

4-6

# Twitterの特性とTips

次は、Twitterですね。友だちの中には複数アカウントを使い分けている人もいます。

リアルな知り合いとつながるだけでなく、話題や趣味でもつながっているから趣味ごと、話題ごとにアカウントを複数持つユーザーもいる。RT（リツイート）や#（ハッシュタグ）によって情報をシェアするため、リアルタイムのトレンドが可視化されやすく、広告を話題にしたい、商品を話題にしたい！　と思ったときにはそのハブとなるメディアといえる。まさに「タイムリートレンドメディア」！　その拡散性から、企業の公式アカウントとして活用するのは効果的だ。

文字数制限があるので、情報を簡潔に伝える必要がありますね。

加えて、モーメント（時節や企業・サービスのタイミングに合わせた新鮮な情報）とエンタメ（シェアしたくなる、話題にしたくなる情報）を加味して発信しよう。広告の種類は、プロモツイート、トレンド欄などの枠買い（Twitterテイクオーバー）、チャットbotなど。動画広告は主に、タイムライン上で再生されるプロモビデオがある。一方で、サイトに誘引したり獲得目的の場合は、リンク機能がついたビデオウェブサイトカードがある。話題にするためのTipsをうまく使いながら、目的によってメニューを使い分けていこう。

# Twitter広告＆アカウント運用

Twitterの広告やアカウント運用はフォロワーとのエンゲージメントを高めるため、また、フォロワー以上の話題量を獲得するために工夫しよう。

Tips

- 「〇〇の日」やスポーツの勝敗など、モーメントを捉える
- 見た瞬間が勝負！　インパクトのあるビジュアル、コピーで惹きつける
- 「〇〇派」「どっちが好き？」などの対比構造で興味をひく
- ツッコまれる面白さ
- 「匂わせ」などで予想、期待を喚起する
- タレント、アニメなどのキャラクターで注目させる
- 参加型は、参加のためのハードルを下げること
- オリジナルなハッシュタグで発話をうながす



## ASICS Japan TOKYO 2020 期間中のアカウント投稿

ASICSから選手へのお手紙として投稿された、オリンピックモーメントを最大限に活用した好事例。「ありがとう」や「おめでとう」のような単なるメッセージではなく、ASICSから選手へ、これまでも、そしてこれからも寄り添っていくという覚悟を感じる内容だった。モーメント×メッセージ×ビジュアルのあり方を考えさせられる。

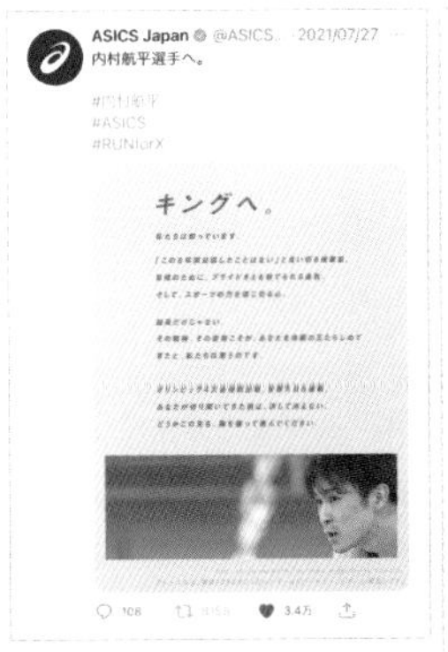

ASICS Japan の Twitter 広告

4-7

# LINEの特性とTips

メッセージを友達とやりとりする「トーク」だけでなく、フィード面に投稿する「LINE VOOM」、その日のNEWSがみられる「ニュース」、ポイントやLINE Payなど金融資産を活用する「ウォレット」など、ほとんどのスマホユーザーがあらゆる場面で活用しているアクティブ率の高いSNSだ。

私、実家とはLINEで連絡とってます。

主婦に直接コンタクトできることも特徴だ。まさに「仲良しトークメディア」といえる。

LINEは、アクティブ率を支えるトーク機能が最大の売り。だからこそ、公式アカウントを開設して、ユーザーとの、1to1の直接的なやりとりでファンになってもらえるのが最大の魅力。ユーザーにとって有益な情報を継続的に届けることに加えて、AIを活用したチャットボット機能などで、ユーザーと親密になれるチャンスを逃さないようにしよう（詳しくは第6章で解説）。

動画広告は、主にLINE広告のVIDEO広告やLINEポイントAD（Friends Video AD）、トークリスト最上部に掲載できるTalk Head View、ニュース面に掲載できるLINE NEWS TOP ADなど、TVのようにリーチをとることもできる。動画の場合は、最初の5秒が勝負なのは、他のメディアと同じだが、LINEを使うユーザーの多くはメッセージをやりとりするために使っている。

つまり、イヤホンをつけずに使っていることが多いんですね？

そう、だから動画に字幕をつけるのもTipsだよ。

## LINEアカウント運用

LINEのトーク機能などをうまく活用して、オウンドメディアとして運用すれば、直接的なユーザーとのやりとりのなかで、企業やブランドへの深い親近感と、高いロイヤリティーを獲得できる。

### Ponta キャラクター　LINE 活用例

企業アカウントからの情報をキャラクターを通して発信すると、いつもよりちょっと親しみがわくはず。また、全く接点がなかった人も、友だちとのトークの合間のキャラクタースタンプが接点となって、いつの間にか好きになる。こういう積み重ねがファンをつくる。毎日見るLINEならではのやり方が多数考えられる事例だ。今後もしキャラクターとしゃべれたりするとどうなるだろうなど、まだまだ今後の展開のアイデアは尽きない。

Ponta アカウント　　トーク画面

ラインスタンプ

4-8

# TikTokの特性とTips

TikTokは以前は若年層を中心に利用されていたが、近年幅広い世代にも広がっているんだ。機能として一番の特徴は、ランダムに表示される機能、フォロワーが0人からでもバズれる「開拓」レコメンドシステムにある。ユーザーは、自分の興味外の情報にふれられるのが面白さのひとつだね。「TikTok売れ」という言葉ができたように商品が動いたり、新しい流行の発見につながったりしている。まさに「私がクリエーター気分メディア」。

TikTokも公式チャンネルがどんどん増えてますよね。

そうだね、他のSNSと違ってフォロー外からもコンテンツをみてもらえるのでチャンスが広がりやすい。他の一般のコンテンツに馴染みやすい工夫は必要だ。動画広告は、アプリ起動時の「TopView」(音あり)、「起動画面広告」(音なし)、おすすめフィード内の配信がある。フィード内の配信は、リーチを目的にしたり運用型にしたりとさまざまな使い方ができる。最近では、ユーザーの投稿を使って参加をブーストするスパークアドもある。使い方も生活情報のHOW TOや日常のVlogまでコンテンツはますます進化・多様化してまだまだ試しがいがあるメディアだ。

Tips

・テレビCMと同じものを流してもブランドリフト率が上がりやすい
・縦型にはテキスト追加で視聴率、エン

ゲージメント率が上がりやすい
・冒頭に人物が登場するのも効果的

## #チャレンジ

クリエイター、セレブリティ、ブランド、個人が、特定のテーマに沿った動画を募る「アクションの呼びかけ」。広告主がハッシュタグ名でユーザーにコンテンツを生成してもらいブランドテーマに沿った大量の露出や集客を可能にする広告メニューもある。

※ 2023年4月より「Branded Mission」を提供（詳細はTikTok for Businessへ）。

### ASICS Japan #REDエールダンスチャレンジ

2020オリンピック開催にむけて、日本代表選手を「赤いTシャツを着て応援する」機運を高めるための「ASICS Japan #REDエールダンスチャレンジ」。レクチャームービーをオウンドサイトに用意したり、「ニッポン、チャチャチャ」の音を活用したり、選手やKOLの人々に参加してもらったり、みんながやりたくなるムーブベントを起こした。

土屋太凰

石川佳純

山本恵理

オウンドサイトにダンスのレクチャームービーを用意したり（写真左）、選手などからの動画で参加を促した（写真中・右）

### 旭化成ホームプロダクツ　#サランラップ体操

サランラップの「たぶん、クマ」のキャラクターと一緒に、CMのアレンジ音楽でダンスをする#チャレンジ。キャラクターを活用してファンとの距離を縮め、ブランドロイヤリティーを高める好事例だ。

サランラップの#チャレンジ

4-9

# Googleの特性

Google

いよいよ、世界最大級の検索エンジンをもつGoogleですね。

その広告メニューは、リスティング広告、ディスプレイ広告（GDN）、動画広告（YouTube）など幅広い。リスティング広告は、ユーザーの検索ワードによって検索画面の上部にテキストで広告を表示するもの。

ディスプレイ広告はGoogleが提携するWEBサイトやYouTubeを含む動画、アプリなどに、動画や静止画を表示するメニュー。インターネットユーザーの90%にリーチできるとされており、幅広い層にも、セグメントによって特定の層にも届けられるのが特徴だ。

## 積水ハウス　見学会申込み誘導のバナー

積水ハウスのディスプレイ広告

積水ハウスの実例見学会「住まいの参観日」の申込み誘導を目的としたバナーを配信。住まいづくりを検討しているユーザーに届けた。

4-10

# Yahoo! JAPANの特性

最後はYahoo! JAPAN。検索だけでなくさまざまなサービスを提供してますよね。

広告メニューはYahoo!広告 検索広告とYahoo!広告 ディスプレイ広告がある。Yahoo!広告 ディスプレイ広告には、運用型と予約型があり、サイトによってはYDAという略称を使用される場合がある。予約型は、Yahoo! JAPANのトップページやYahoo!ニュースなどのサービスページに、掲載期間と表示回数を保証して画像や動画を掲載するものだ。

## TOYOTA GR YARIS　ブランドパネル

Yahoo! JAPANのトップページに広告が掲載されるのがブランドパネル、通称ブラパネだ。リーチが広いだけでなく、時代性、季節性にあったクリエイティブを心がけることで、話題性も狙える。「TOYOTA GR YARIS」の事例は、季節に合わせたクリエイティブをきちんと表現した、表示の度にファンも喜ぶ施策になっている。

TOYOTA GR YARIS のブラパネ

4-11

# 「ヘルーノ」を使った コミュニケーションプランの例

器の特徴や盛り付け方のコツがわかったところで、第3章で紹介した「ヘルーノ」でコミュニケーションのプランを考えてみよう。あくまで一例なので、これをヒントに自分なりのプランを考えてみよう。

検討

悩みや願望にどんな体験で応えるか？

| | 認知 | 関心 | 検討 |
|---|---|---|---|
| 悩みや願望にどんな体験で応えるか？ | それぞれのクラスタにまず新商品「ヘルーノ」を知ってもらう。同時に、「健康」との関連を説得力とともに知ってもらう。 | YouTuberに使ってもらい、「ビューティー」や「健康」面から商品の機能を詳しく語ってもらう。動画での広告も実施。 | すでに飲んでいる人の声をアーンドメディアとして活用し、新規顧客の背中を押す。YouTubeのVideo Action Campaignによって、LPに誘導。 |
| オウンドメディア | | | LP |
| アーンドメディア | WEBニュース記事 | | 投稿/口コミ ― Twitter |
| ペイドメディア | YouTube 6秒バンパー | YouTuber KOLお試し施策 YouTube & Facebook 動画広告 | YouTube VAC |

クラスター分析の詳細は省略するが、DMPによって「ビューティー追求」クラスターと「健康意識」クラスターを発見。それぞれ、気持ちはあるけど続かない、納得してトライしたいといった悩み、願望があることがわかり、そこを解決していく体験を考えていった。



購買

リピート

リレーション

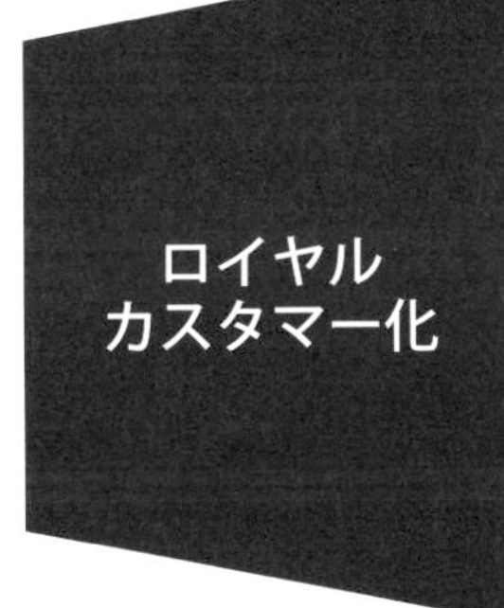


分が高まったきに購入できように、店頭外でも購入しもらえる場所つくっておく。

「気持ちはあるけど続かない」声に応えるために、毎日コミュニケーションできるLINEでサポート。

新しい飲み方提案やグレードアップした商品の紹介をして、リレーションを深める。

ユーザーたちと積極的に交流して、ロイヤリティーを高めるだけでなく、新たな商品を開発するヒントを得たい。

コマース機能で
直接買えるように

LINE 公式アカウント開設

商品発送時に
サンプルを同梱

裏メニュー③

# 未来の器：メタバース
## テクノロジーによる新しい体験創出

メディアのいろんな使い方はわかったんですが、新しいメディアもどんどん生まれますよね？

そう！　新しく生まれるだけでなく、使い方もどんどん新しくなっていく。

なんか次はこれ！　みたいな刺激が欲しいんです！

欲しがるねぇ。
では、メタバースなんかどうかな？

あの3Dのバーチャル空間？

そう！　今はイベントなどに使われているけど、今後は企業のHPや商品のLPがメタバース空間に行くこともあると思ってるんだ。そうなれば、新しい体験がたくさん生まれると思わないか？

たしかに！　いままでの企業を調べる体験や、サイト上で商品をみる体験がまったく変わりそうですね！

だろう!?　では、メタバースの活用事例を紹介しよう！

## 積水ハウス「おうちで住まいづくり」

住宅展示場に行かずとも、打ち合わせから設計相談、展示場紹介ムービー、未来のわが家のバーチャル体験までをWEBで行える。住まいづくりの幸せな体験を、今の環境に合わせて再設計したCXが話題をよんだ。

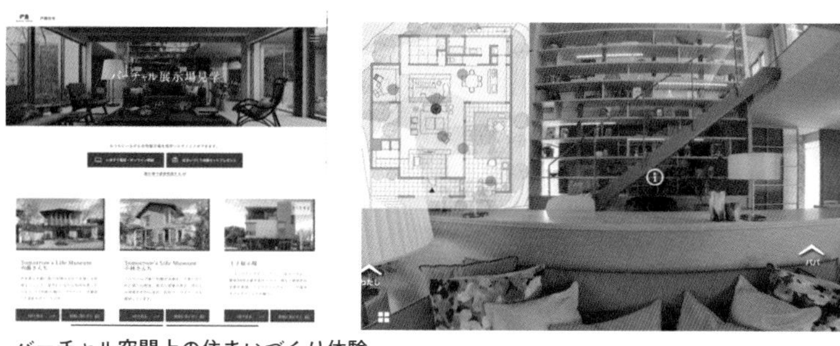

バーチャル空間上の住まいづくり体験

## 大和証券グループ120周年記念社内イベント

創業120周年を記念した、大和証券グループの社員とその家族、OBなど約3万人対象のメタバース空間で開催されたイベント。コロナ禍でなかなか集まることができない人々に月面を模したメタバース空間で、会社の歴史を振り返るクイズがあったり、チャットなどで交流したりとさまざまなコンテンツと共に約1週間実施。メタバース空間のコミュニケーション体験の広がりを感じる。

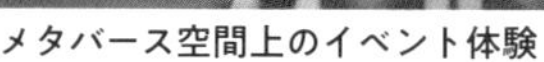
メタバース空間上のイベント体験

# 第5章
# 実食

# ここまでの成果を次に生かす

5-1

# 食べてもらうためにはレシピを改善し、PDCAサイクルを回す

これまで見てきたいろいろな方法を実践すれば、期待通りの成果が出せそうですね！

そうだね！　でも実は大切なのはそのあと。CXクリエイティブは「一度つくったらそれで終わり」ではないんだ。料理だって、味の開発に終わりはないだろ？

ふ～む。いわれてみればそうですね。

料理をつくったら、食べてもらって、感想をもらって、それを参考にレシピを改善する。こうして料理はどんどんおいしくなる。すると、食べてくれる人がどんどん増えるし、気に入られて、常連さんになってくれるよね。

食べてくれる人……。つまり体験してくれる人が増えていくんですね。それ、CXクリエイティブだとどうやるんですか？

PDCAサイクルを回すんだ。PDCAはPlan、Do、Check、Actionの頭文字。たとえば、さまざまなバナーや動画を複数箇所に同時に出稿して、その成績を分析して、次のキャンペーンに生かすんだよ。

なるほど。どのクラスターにどんなメッセージが刺さったかを

分析して、改良していくわけか。

かつてのテレビCMを中心としたマス広告の時代には、PDCAは1年がかりだったりもした。そんなにしょっちゅうテレビCMをつくれるわけではないし、広告が刺さったかどうかのデータを取るためにはアナログなアンケート調査などが必要だったからね。でも今は、バナーの出稿などを通じてCTR、CVRなどのデータがスピーディに取れる。体験イベントを実施して、その直後にアンケートを取ったりもできる。

そうか。バナーをクリックしたかどうかや、動画を視聴したかどうかのデータはすぐに取れますね！

その通り。たとえばバナーのクリック率が想定よりも悪ければ、何かを改善する必要がある。コピーなのか、レイアウトなのか、はたまたバナーを当てるクラスターそのものが違っていたのか。

「一度つくったらそれで終わり」ではないことが、よくわかりました。

たくさんのお客さんが満足できる、究極の味を目指し続けよう。

はい！

5-2

# CXクリエイティブにおける PDCA

PDCAサイクルは、改善点を発見して質を高めていくためのフレームワークで、1950年代から活用されている。企業の生産・品質管理、戦略実行や経営管理など、幅広く活用されてきたんだ。

今ではクリエイティブでも広く使われるようになってますね。

たとえばバナーであれば、コピーやレイアウトなどの構成要素に分解して、それぞれを短期間でPDCAを回す「高速PDCA」というやり方も広まっている。サービスや、商品のプロトタイプをつくって、スモールでテスト、つまり少人数に実際に体験してもらって、その反応を確かめるというPDCAもあるよ。

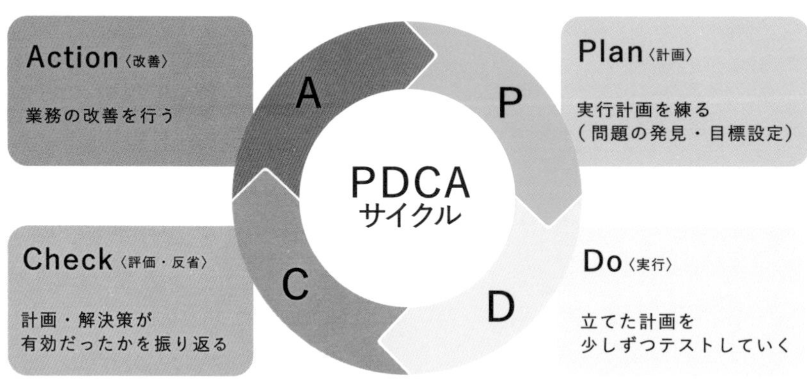


PDCAサイクル

### (1) Plan（計画）

たとえばバナーでPDCAサイクルを回すなら、どのようなメッセージを、誰に、いくつ届けるかなどを計画しよう。予算は無制限ではないので、ある程度アタリをつけておくことも重要だ！　仮説に立脚したプランを意識しよう。通常は3～5クラスターを設定し、それぞれに2～5種類程度のバナーを用意する場合が多い。

### (2) Do（実行）

立てたプランに沿って、実際にバナー広告を出稿しよう。GDNやYahoo!広告 ディスプレイ広告といったアドネットワークを利用する方法が一般的だ。年齢や性別、検索したキーワードなどでターゲティングできたり、出稿するサイトのカテゴリー（ニュース、エンターテインメントなど）を設定したりもできる。

### (3) Check（評価・反省）

評価はPDCAを行う上でキモになってくる部分だ。実行した内容の検証を行い、立てた仮説との相違を確認しよう。バナーの場合には、CTRやCVRといった数値の良し悪しを評価することになる。意外なメッセージが意外なクラスターに刺さるということはままある。

### (4) Action（改善）

検証結果を受け、今後どのような対策を取るか、どこに改善ポイントがあるのか考えよう。もし非常に効果の高かったバナーがあればそれに一本化することもできるし、そのメッセージを起点にマス広告へと展開していくことだってできる。効果がある程度高かったバナーの共通項を、他バナーにまぶすなどもできる。改善方法は千差万別だ。

5-3

# 高速PDCAでGOODバナーを探る

複数種類のバナーを用意して、効果を検証するテストをA/Bテストという。これを短期間（1ヶ月程度）でどんどん繰り返すことで、高速PDCAサイクルを回すんだ。訴求するポイントが多い商品・サービスほど、効果を発揮するぞ。

**訴求軸検証のA／Bテスト**

製品・サービスが持つ魅力をいくつかの軸に分けて、どれが反応がいいか？「GOODバナー」を抽出。

**コピー検証のA/Bテスト**

訴求軸1と4が残ったら、それを起点にコピーを複数個開発。「機能」と「オケージョン」が効いたペルソナを意識して、コピーを増やして、再度テストし、「GOODバナー」を抽出。

訴求1.
最新のスペックを伝える
機能軸

訴求2.
ブランドの
歴史を伝える
伝統軸

訴求3.
先進的な
見た目を伝える
デザイン軸

訴求4.
使用シーン等を
想起させる
オケージョン軸

A／Bテストにより GOODバナーを探る

何を「GOOD」とするか（何を残すか）は、場合によって変わる。静止画バナーの場合はCTRがKPIとなる場合が多いが、サイト遷移後の精読率、最終的な商品購入などのCVRなどで効果検証する時もある。またはとにかくリーチを稼ぎたい場合にはCPRがKPIとなる場合もある。
ここではコピー検証の段階でクラスターの情報を反映させているが、訴求軸検証の段階でクラスターを考慮に入れる場合もある。それまでのマーケティングの経験上、ある程度クラスターが絞り込めている場合などには、訴求軸検証の段階でペルソナを意識した複数個のバナーを用意してもいい。ベストなプランを考えよう。

**デザイン検証の A/B テスト**

1-3と4-2が残ったら、デザインの検証へ。画像、コピー、ロゴなどのバナー構成要素の大きさ、色、レイアウトを組み替えて、バナーを制作。「GOODバナー」を抽出。

**画像検証の A/B テスト**

1-3-1が残ったら、構成要素やレイアウトがすべて同一の状態で、商材画像だけを変えて検証。最終的な「GOODバナー」が決まる。

訴求1
コピー3
デザイン2

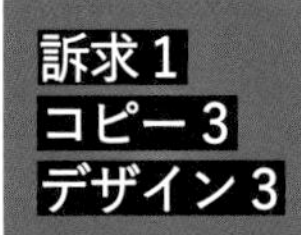

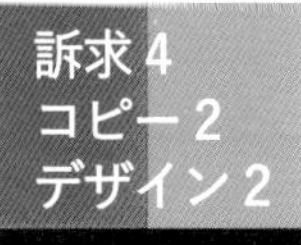


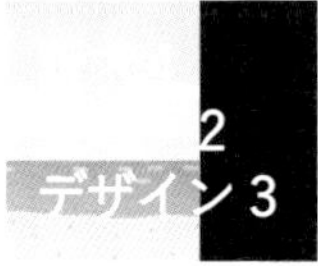

それでは具体的に、比較的クラスターが想定しやすい男性用の腕時計で高速PDCAを回すことを想定してみよう。今回はクラスターを3つ設定し、それぞれの訴求軸ごとにコピーを4つ用意して、A／Bテストする場合を考えてみよう。

## 新発売の腕時計に反応しそうな3つのクラスターを設定

### クラスター1「フレッシュ・ワーカー」

新社会人～入社5年目程度のビジネスパーソン。新しい生活が始まり、仕事ではとまどうこともあるが、精力的に過ごしている方が多い。プライベートも活発に楽しむ。

### クラスター2「セルフ・インプルーバー」

向上心が高く、自分への投資を惜しまない勉強家のビジネスパーソン。年齢は30代後半付近を想定。自分が設定した目標に対して、強い意志でまっすぐに進んでいける方が多い。

### クラスター3「ファン紳士」

このメーカーの腕時計の利用者であり、腕時計の歴史や、機構そのものにも興味がある層。ゆったりと落ち着いた雰囲気を好み、文学好きである方が多い。想定年齢は特になし。

オケージョン訴求

フレッシュ・ワーカーは精力的で、休日の外出も多く、プライベートでの腕時計の使用も想定し、ファッションアイテムとしての価値を訴求。また、この腕時計が仕事での成果に結びつく可能性にも触れていく。

機能訴求

セルフ・インプルーバーは自己の能力を高めることに興味があるクラスターと位置づけ、この腕時計を身につけることで得られる能力を端的に表現する機能性コピーにした。

伝統感訴求

ファン紳士はメーカーの新作にビビッドに反応してくれるクラスター。訴求点を単一の機能などに絞り込むのではなく、モノづくりのストーリーやロマンを感じさせる懐の深いコピーを選んだ。

実食

5-4

# ヒートマップでGOODバナーを探る

バナーを出稿後に実施期間が過ぎたら、そのヒートマップを確認して「GOODバナー」を選定しよう。ヒートマップとは行列型の数字データの強弱を色で視覚化したもの。一般的に、反応が良い箇所を赤、悪い箇所を青で表示する。色の濃さを使って段階的に表現することもある。

CTRトップ1だけを「GOODバナー」として残したり、トップ2を両方残すこともある。また、CTRではなくコスト効率を考えたCPC（Cost Per Click）を評価指標にすることもできる。これは最初に立てたプランで何をKPIにしたかによるんだ。

ヒートマップを分析すれば、どのクラスターにどんなメッセージを届けるべきかが見えてくる……。これ、テレビCMをやったりするときのヒントにもなるんですかね？

その通り！　デュアルファネル®キャンペーン実施時の参考になったりするよ。あるバナーがあらゆるクラスターに対して、想定以上に高いCTRであれば、それは広く深く刺さる表現である可能性が高い。マスキャンペーンでの使用を検討してもいいかもしれないね。

忘れてはいけないのが、PDCAを回す際に効率だけをみていてはいけないということ。きちんとブランドに寄与するクリエイティブになっているかをいつも気にしておこう。そのバナーを見た人が、たとえコンバージョンしなかったとしても、ブランドに多少でも好意を持ってくれるかどうかは大切だよ。
扇情的なコピーで無理矢理クリックしてもらっても、それはブランド毀損につながって、結局LTV（ライフタイムバリュー）も下がる。バナーのようなダイレクト広告であっても、ブランディングを意識することが大切だ。この考え方を「ブランデッドダイレクト」とよぶんだ。

| クラスタ | 原稿 | コピー | Impressions | CPM | Clicks | CTR | Cost | CPC |
|---|---|---|---|---|---|---|---|---|
| フレッシュ・ワーカー | | そろそろこんな腕時計はどうだろう | 711,340 | ¥122 | 1,314 | 0.18% | ¥86,829 | ¥66.08 |
| | | その出張に、正確な世界時刻を。 | 562,453 | ¥114 | 925 | 0.16% | ¥63,882 | ¥69.06 |
| | | タフと軽量は、両立する | 7,505,522 | ¥112 | 15,944 | 0.21% | ¥844,010 | ¥52.94 |
| セルフ・インプルーバー | | この機能を、この価格で。 | 6,921,705 | ¥40 | 4,427 | 0.06% | ¥273,802 | ¥61.85 |
| | | 商談中、相手は意外と腕を見る。 | 1,893,623 | ¥22 | 667 | 0.04% | ¥42,432 | ¥63.62 |
| | | タフと軽量は、両立する。 | 6,105,922 | ¥30 | 2,806 | 0.05% | ¥180,730 | ¥64.41 |
| ファン紳士 | | 腕にも表情がある。 | 11,896,612 | ¥161 | 13,473 | 0.11% | ¥1,916,878 | ¥142.28 |
| | | タフと軽量は、両立する。 | 11,284,874 | ¥177 | 14,460 | 0.13% | ¥2,001,853 | ¥138.44 |
| | | 2年ぶりの最新作。 | 1,485,963 | ¥729 | 6,847 | 0.46% | ¥1,083,046 | ¥158.18 |

バナーのヒートマップの例

5-5

# LPを最適化してCVRを高める

WEBサイトでもA/Bテストを実施してPDCAサイクルを回せる。リスティング広告やバナーをクリックして最初に表示される「ランディングページ（LP)」を、A/Bテストにより「最適化（Optimization)」してCVRを高めることをLPOとよぶ。

具体的にはどのような要素を対象とするのですか？

コピーやビジュアル、トーンのほか、コンバージョンボタンの形状や位置など細かい要素も変数となりうる。いかに直帰されずに届けたい情報を伝えるか。その先のコンバージョン（購入、資料請求、来店予約など）に進んでもらえるかを検証するんだよ。CVRの結果を見ながら「GOOD LP」への最適化をするのが一般的だが、早く結果を出したいときには、細かな差のある大量のLPを制作してそのCVRを分析することもあるぞ。これを行うと、繰り返し分析をせずとも効果の高いLPを短期間で導き出せる。ただし分析に足る大量のアクセス数が必要だ。

難しそう……。LPOのTipsがあれば知りたいです！

いいだろう。主に次の4点がポイントだ！

①LPと誘引バナー（ページ来訪者のクラスター）とはなるべく対の関係にしよう。来訪した人の興味関心をより刺激するメッセージやトーン&マナーにする。
②LPOを行う場合には、影響度の大きいものから検証を行うと良い。具体的には、ページ来訪時に表示されるファーストビュー（FV）を特に意識する。
③FVは、「きちんと商材写真があるか」「メッセージが端的に伝わるか」「コンバージョンボタンが埋もれていないか」をチェックしよう。
④コンバージョンボタンの周囲には、訪問者の心理ハードルを下げる役割の言葉を添えよう。たとえばサブスクリプション商材では「いつでも解約できます」や「個人情報不要」など。

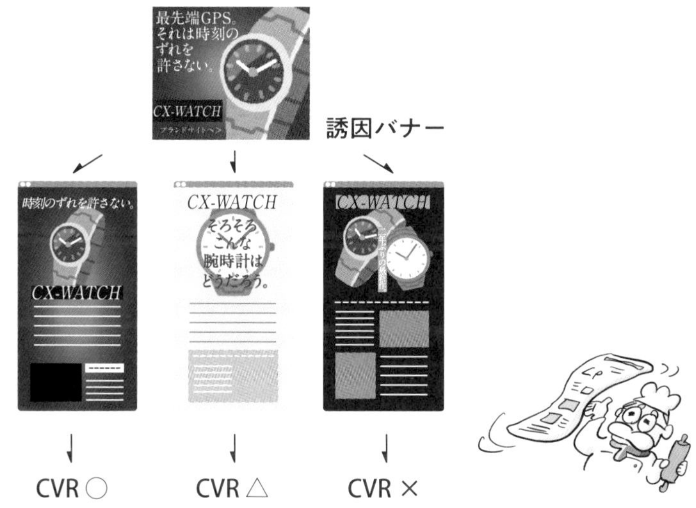


LPOを比較検証する

LPのCVRだけでなく、訪問者がクリックした誘引バナーも含めたCVRを確認することで、より高精度なLPOとなる。
バナーのCTRが低くても、LPも含めた全体のCVRが高くなる場合もある。訪問者がバナークリック時に期待していた情報が、LPで上手に伝えられることでコンバージョンへとつながるんだ。

# 第6章
# おかわり

# 購買したあとも
# 顧客と関係を
# 深めるコツ

6-1

# 常連さん（お店のファン）になってもらう

PDCAサイクルを回してより良い体験をつくっていくことの大切さは、わかりました。これ以外に、一度使ってもらった後にできることってありますか？

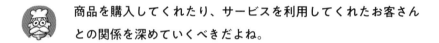

商品を購入してくれたり、サービスを利用してくれたお客さんとの関係を深めていくべきだよね。

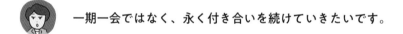

一期一会ではなく、永く付き合いを続けていきたいです。

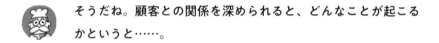

そうだね。顧客との関係を深められると、どんなことが起こるかというと……。

それ、なんとなくわかりそう！　もし中華料理屋ですごくおいしいチャーハンを食べたら……、またチャーハンを食べにそのお店に行きますよ。

そう、それがリピート（繰り返し購入してくれる）だね。そしてチャーハンだけじゃなくて、餃子とシュウマイも追加注文しちゃうかもしれない。これがリレーション（同ブランドの関連商品を購入・検討してくれる）だ。

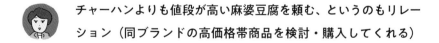

チャーハンよりも値段が高い麻婆豆腐を頼む、というのもリレーション（同ブランドの高価格帯商品を検討・購入してくれる）

ですね！　あとは、友達に教えてあげたり、SNSで料理やお店をシェアしたり。レビューを書いたり。

ロイヤルカスタマー化してもらえれば、そうしたことも増えるよね。中華料理屋の常連さんになってもらうためには、味ももちろん大事だけど、それだけじゃないんだ。お店の雰囲気を気に入ったり、店員さんの対応が素晴らしかったりすれば、そのお店のことを好きになる。

CXクリエイティブ的に考えると、商品そのもの以外の部分についても考えることが大切ってことですよね！

その通り。お客さんに愛されるためには、商品やサービスを提供するホスピタリティや購入してもらった後の施策が極めて重要だ。アフターサービスなんかは昔から取られてきた手法だけど、今ではLINEでお客さんとつながったり、コミュニティサイトを立ち上げたりと、テクノロジーを使った方法なんかもあるよ。

それ詳しく知りたいで〜す！

6-2

# SNSでのやりとりで関係を深める

企業やブランドが運営するSNSの公式アカウントは、ユーザーとの関係を深めるうえで重要だよ。ユーザーを理解し、適切なアクションを取って、ユーザーから返答をもらうことでエンゲージメントを高めていくんだ。

SNSは、ただの情報発信ツールではないということですね。

そうだ。人間同士の関係と同じで、一方通行ではなく相互にかかわることが大切だね。公式アカウントへコメントしてくれたユーザーには、できる限りコメントやいいねを返そう。ユーザーの投稿を取り上げたりするのも、関係を深めるきっかけになる。

日々の忙しさの中でも忘れないようにします。

ユーザーとのやりとりにおいて、LINEは非常に有効だ。LINEでは質問への回答によってユーザーの状態を知ることができるし、継続的につながっていられるからね。ユーザーに寄り添ったサービスを提供することができる。
例として、第3章にも出てきた、体脂肪を減らす架空の商品「ヘルーノ」がBOT BOOSTaR®を使ってLINE公式アカウントを開設した場合をみてみよう。

## LINEを使ったユーザーとのやりとりのイメージ
## (例:体脂肪を減らす架空の商品「ヘルーノ」)

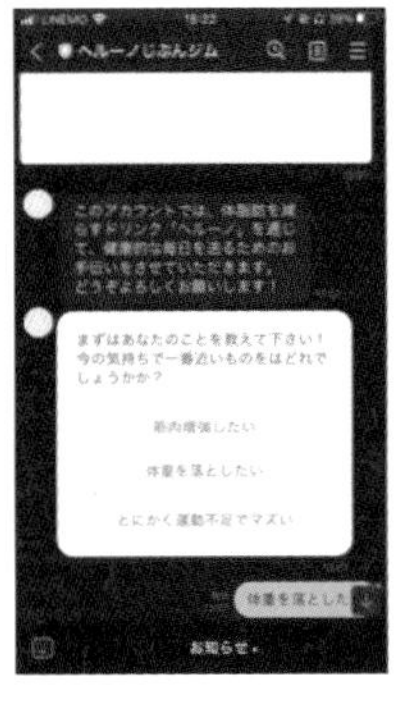


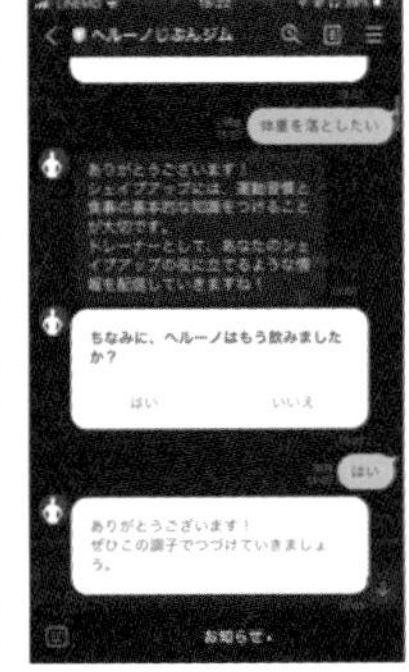


(1)ユーザーが何を求めているのかを質問する

ユーザーが、自分の身体や健康状態をどう変えたいのかを尋ねて、把握する。また、ヘルーノの飲用有無などを質問し、おすすめの使い方をレコメンドする参考にする。

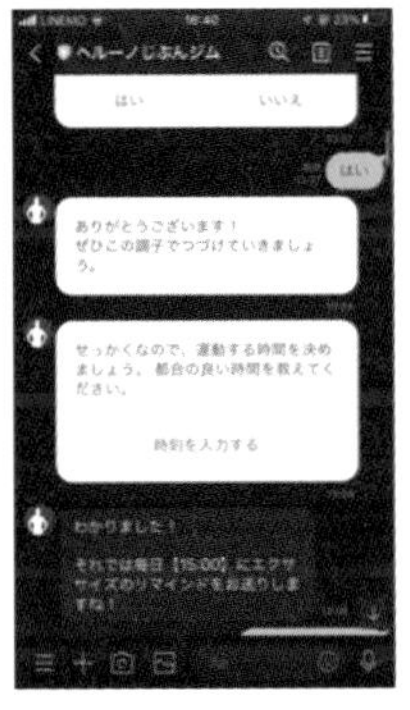


(2)回答に合わせたサービスを提供する

ユーザーの希望に合わせて、最適な運動方法の動画を配信する。配信する時刻や頻度も、ユーザーごとにカスタマイズできる。

(3)サービスへのフィードバックをもらったり、プレゼントを贈ったりする

運動をした感想をもらって、次回の動画の内容などに生かす。また、ポイントプログラムによってユーザーの継続的な運動を応援するとともに、ブランドとの関係強化も実現する。

6-3

# お客さん同士で語り合える場「ファンコミュニティ」をつくる

商品を購入し、気に入ってもらえたお客さんに常連さんになってもらうための施策として、ファンコミュニティを運営する方法がある。ファンコミュニティとは、ブランドと同じ価値観を持つ人々が集い、さまざまなアクションを起こす場だ。ブランドがファンコミュニティ機能を持つWEBサイトを運営することで、そのブランドが好きな人同士のやりとりが生まれ、より一層ブランド好意度を高めることができる。ブランドを体験する「場」を設計していくCXクリエイティブでは、ファンコミュニティが注目されているんだ。

コミュニティサイトでユーザーが取るアクションは、ブランドによっていろいろ設計できる。ユーザー間の情報交換を主目的とする場合もあるし、ユーザーが制作した作品の発表や取引、さらにはユーザー同士のマッチングを行うサイトもある。

たとえば、次のようなアクションで場を活性化していく。

- 食べ物ブランド：ユーザーによる独自のレシピや写真の紹介
- 電化製品ブランド：製品の使用感についての意見交換
- スポーツブランド：スポーツのコツや、対戦相手とのマッチング
- 飲食店ブランド：メニューに対する要望や意見交換

ファンコミュニティには、参加資格が設定されていないオープンなサイトと、特定の条件を満たしたユーザーのみが利用可能なクローズドなサイトがある。オープンな方が人数が集まるが、クローズドな方が質の高い投稿になる。

気を付けるべきことは何かありますか？

ファンコミュニティはユーザーが自由に気持ち良く発言できる場であるべき。あからさまな商品広告を大量に表示させて場を盛り下げたり、否定的な意見を管理者権限で封殺したりしてはいけないよ。

ファンコミュニティには誰でも出入りできるんですか？

ファンコミュニティは基本的に登録制だ。参加者にはそれぞれ個別のユーザーネームがあり、掲示板やチャットなどではその名前で発言をする。運営側から限定コンテンツが配信されることもあるよ。
お客さんの立場に立って、どんなコミュニティなら心地良いかを考えよう。ファンからの口コミや推奨を自然に引き出せるといいね。



ファンコミュニティサイトのイメージ

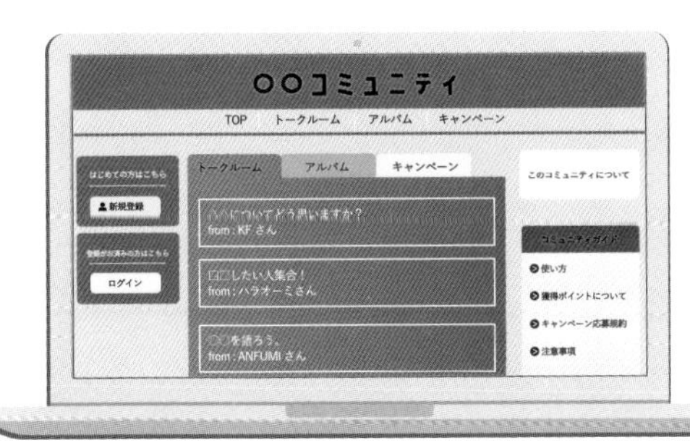


PC 版

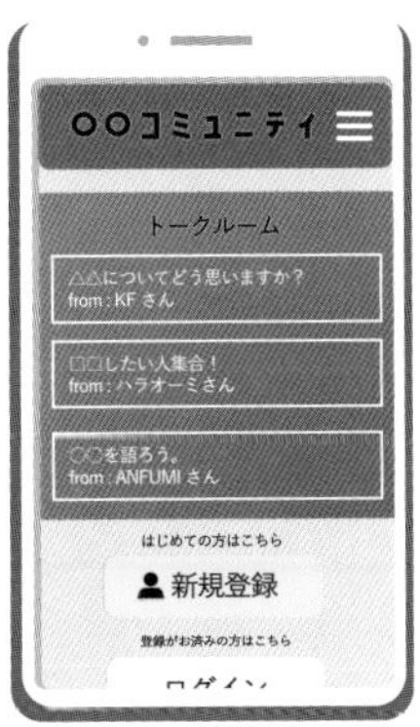


SP 版

6-4

# 特別なブランド体験でよりコアなファンになってもらう

ファン同士のつながりではなく、一人ひとりの体験をより深めるアプローチもあるぞ。第2章では、メッセージをクラスターごとにかえるCXクリエイティブのテクニックを学んだ。これをさらに細分化して、個人の特性に合わせたブランド体験をもたらすことで、リレーションを深めたり、ロイヤルカスタマーになってもらうことが期待できる。取り扱いには細心の注意が必要だが、顔や声といった生体情報、行動ログなどの情報が、それぞれの個人向けのブランド体験を実現する。
たとえばカネボウ化粧品のブランド「KATE」は、一人ひとりにパーソナライズされたサービス「KATE MAKEUP LAB.」をLINE上で展開している。スマホから自分の顔を登録すると、パーツの比率を測定してくれて、自分の顔に適したメイクアップ方法をアドバイスしてくれるんだ。

なるほど。これは役に立ちそうなCXクリエイティブですね！
商品の魅力をこれまでにない独自の方法で訴求できています。

ポイントメイクを使っていたお客さんにトータルメイクを提案することで、他アイテムへのリレーションも期待できる。
さらには、KATEの「メイクを通じてすべての人に生き生きと輝いてほしい」というメッセージが、ただ広告するよりも実感を伴って伝わるんだ。このような取り組みはユーザーのロイヤリティを高めるし、ロイヤルカスタマー化にもつながるよ。

## 「KATE MAKEUP LAB.」の取り組み

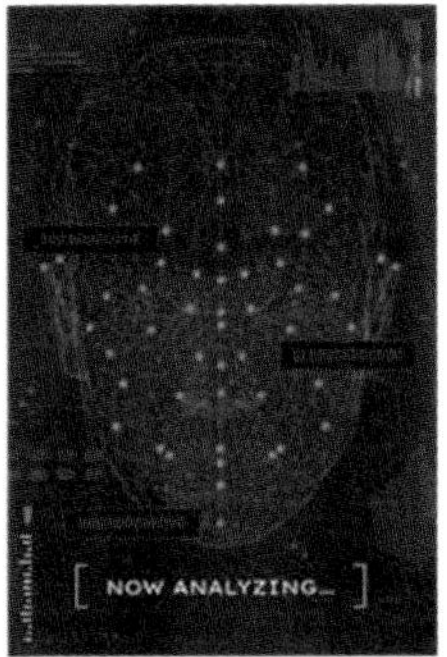


スマホのインカメラを利用して、顔の形状をパーツごとに細かく把握

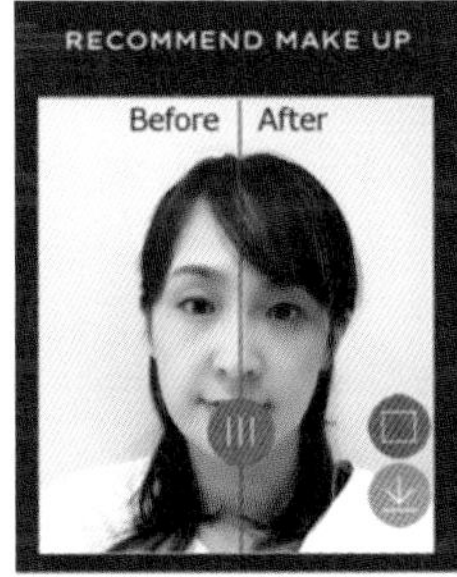

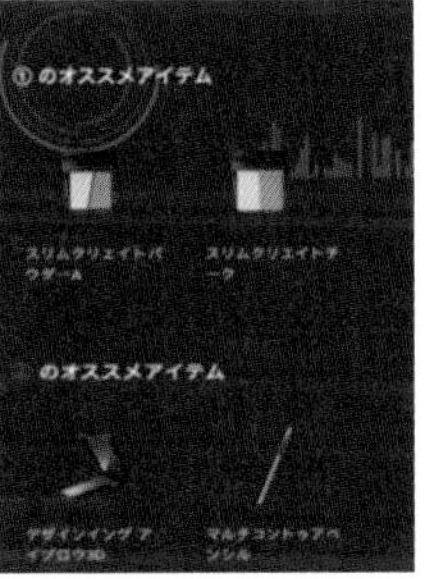


顔のパーツ比率の結果からメイクメソッドとアイテムを提案

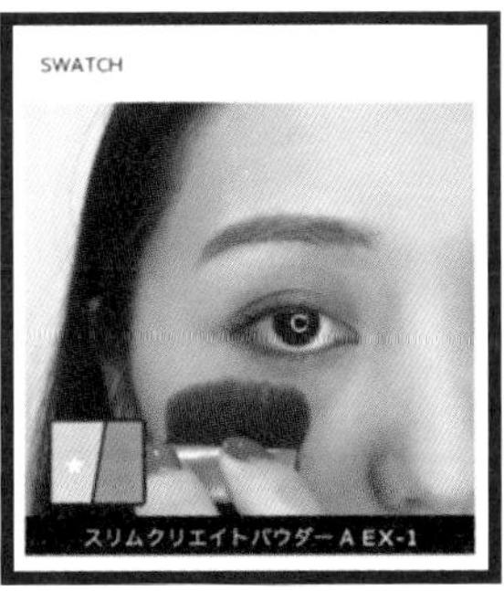


商品画像から HOW TO 動画をみることでメイクテクニックを習得できる

おかわり

6-5

# ファンになってもらうために役立つツール

ロイヤルカスタマーになってもらうことの魅力はよくわかったのですが、実際に何をやっていけばいいでしょうか？

ここではファンになってもらうために役立つ3つのツールを紹介しよう。

## BRAND LIFT CHECKER®

BRAND LIFT CHECKER®は、制作した動画がどのKPIを上昇させる効果を持っているのかを実施前に可視化できるサービス。
電通のCMプランナーによるクリエイティブ観点からの181項目にわたるチェックと、データサイエンティストによる統計的な観点からの分析を融合し、視聴者の態度変容に効果的な動画広告の「要素」や「組み合わせ」を分析できる。
A／Bテストを実施しながら精度を高めていく従来の手法を用いることなく、テレビCM、ネット動画いずれのパフォーマンスもシミュレーションできるようになっている。
BRAND LIFT CHECKER®事務局：brandliftchecker@dentsudigital.co.jp

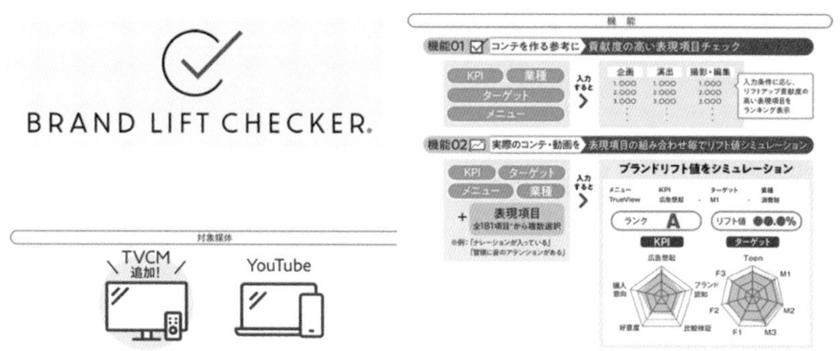


動画視聴者の態度変容に効果的な広告を分析できる

## BOT BOOSTaR®

BOT BOOSTaR®は、LINEの公式アカウントに高度な機能を追加できるツール。コードを書く必要はなく、設定は非常に簡単。ユーザーごとのメッセージ出し分け、データにもとづくセグメント配信、デザイン性の高いメッセージ表現やチャットコマースなど、さまざまなアクションが設定できる。商品の使い方をわかりやすく説明したり、継続利用を促したり、シリーズ商品の紹介を通じてリレーションを誘発したりと、多種多様な用途に使える。

LINEの公式アカウントに高度な機能を追加できる

## PDMオンラインファンコミュニティクラウド

PDMオンラインファンコミュニティクラウドは、消費者のコミュニティを構築・運営し、ブランドのファンを育成。絆やエンゲージメントを強められる。さらにそのデータをクラウド内に蓄積して、「ファンになった理由」をデータサイエンスで解明する仕組みだ。「ファン化のメカニズム」を利用して、マーケティング、商品開発、イベントなどさまざまなアクティベーションのプランニングを行える。

ブランドのファンを育成するコミュニティをつくれる

# 第7章 新メニューづくり

# 新しい事業や<br>サービスをつくる

7-1　人をみつめてゼロからつくる：その1

# 時代と顧客をみつめた新商品開発

CXクリエイティブには、新たな商品やサービスを開発して、新しい顧客体験をつくるやり方もあるぞ。

ゼロからつくるんですか!?

そうだ。時代や顧客のニーズを解決する体験をゼロからつくることで、ブランドが実現したいことを印象づけるんだ。ブランドを体現できる商品が加わることで、ブランドの存在意義が明確になるから、ユーザーのロイヤリティーが高まる！

ほぇ～！　そんな方法もあるんですね……。

たとえば、KATEが発売した「小顔シルエットマスク」は好例だ。新型コロナウイルスの影響でマスクを日常的に着用する生活に合わせて、2020年末に発売。マスクと一緒に、アイシャドウなどもセットにした「マスクメイク」も発表した。KATEが「どんな時でも美を追求するブランド」であること、そして「メイクを楽しむ全ての人の良き理解者」であることを強く示したんだ。

なるほど～。お客さんが、いま何を本当に求めているのかを理解するのはブランディングする上でも、とても重要ですよね。公式SNSアカウントの投稿へのリプライや、ファンコミュニティでの即時性のあるやりとりが役に立ちそうですね。

KATE が発売した「小顔シルエットマスク」

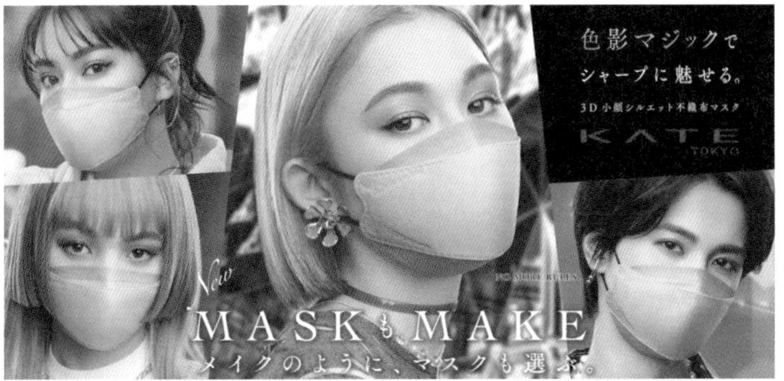


小顔シルエットマスク

4つの「マスクメイク」を同時に提案

Twitter 公式アカウントによる
マスク開発開始時のツイート

このマスクを中心とした新しい体験事例は、メディアも注目してくれて、PR記事がいっぱい出たんだ。これまでのようなマーケティング＆コミュニケーション領域を越えて、全く新しいサービスをつくり上げることも、CXクリエイティブの大きな特徴だ。自分のいうことをじっくり聞いて、それに応えてくれる相手なら、好意を持つのは当然だろ？　ブランドはお客さんのためにできることなら、どんなことでもやるべきなんだ。他にもいろんな事例があるから、次のページから紹介するぞ！

7-2　人をみつめてゼロからつくる：その2

# VR空間でのファンイベント

次の事例は、集英社の「ジャンプフェスタONLINE」。VRファンイベントが成功したいい事例だな。

出版社には紙のイメージがありますが、オンラインなんですね。

毎年幕張で開催されていたリアルイベントが新型コロナウイルスの影響で中止になった。それでも、毎年楽しみにしてくれているジャンプ作品のファンのために「新しいエンターテインメント体験」を提供したいと、史上初となるオンライン開催に踏み切ったのが「ジャンプフェスタ2021ONLINE」！　その1年後、オンラインとリアル会場での同時開催を実施したのが「ジャンプフェスタ2022」なんだ。

ほぇ～！　ファンからすれば、自分のイメージしてきた世界とファン仲間の熱狂が可視化されるイベントが中止にならず、いつもと形を変えてでも開催されたのは、嬉しかったでしょうね。バーチャル上では、どんなことができたんですか？

バーチャル会場の「ジャンフェス島」では、ジャンプマンガの世界を楽しめるステージや展示を用意したんだ。島内でキャラクターに話しかけるといろんな「ミッション」を頼まれ、クリアすると自分のキャラにエフェクトがつくスタンプがゲットできたり。決して一方向の配信形式ではなく、ファンが楽しめる

体験設定を意識したさまざまなバーチャル体験を用意したんだ。

たしかにイベント参加の醍醐味は、いろんなコンテンツを巡る回遊サイクルにもあるから、島が舞台なのはいいですね！

ジャンプフェスタ 2021ONLINE

バーチャル会場全体図

バーチャル会場で与えられるミッション

ミニゲームやフォトスポット、原画ミュージアム、前夜祭や中夜祭まであって、リアルと遜色ない楽しみ方を提供したんだ。実際ファンからもSNSで好評の声がたくさんあったそうだ。

こういった、今までにない楽しみ方をゼロからつくるってのもアリなんですね！　CXクリエイティブ、ますます楽しくなってきました！

## 7-3　人をみつめてゼロからつくる：その3

# やさしいシェアリングロボット

ボディシェアリングロボット「NIN_NIN」は知っているかい？

ロボットですか？　しかも、に、NIN_NIN!?　まさか、手裏剣自動排出ロボットや、まきびし拡散ロボットじゃないですよね？

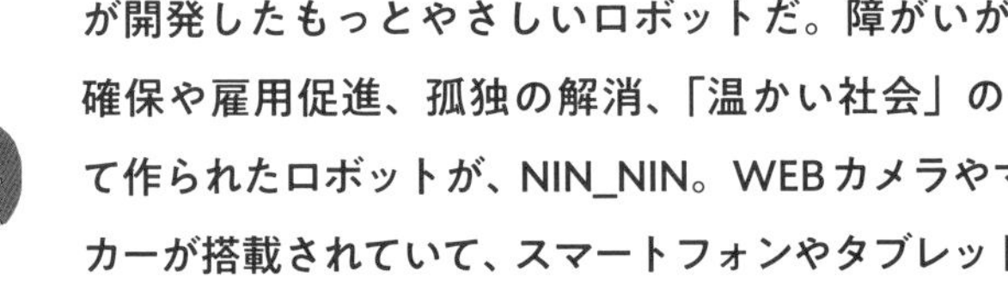

誰が喜ぶんだ、そんなロボット……。NIN_NINはオリィ研究所が開発したもっとやさしいロボットだ。障がいがある人の安全確保や雇用促進、孤独の解消、「温かい社会」の促進をめざして作られたロボットが、NIN_NIN。WEBカメラやマイク、スピーカーが搭載されていて、スマートフォンやタブレットからインターネットを介してNIN_NINとつながることで、視覚や聴覚といった身体機能を遠隔地からシェアすることができるんだ。

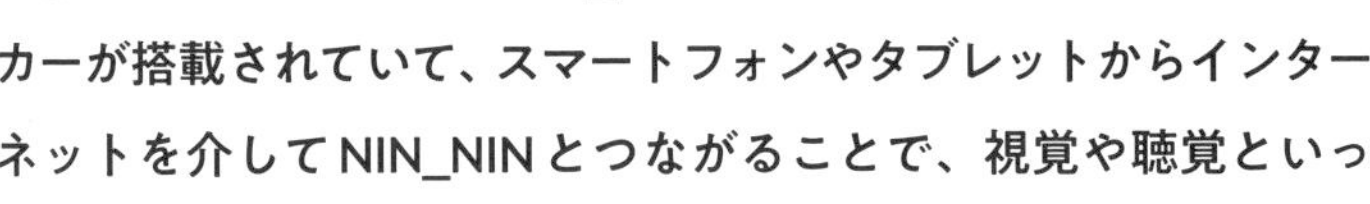

どういうことですか？　もっと具体的に知りたいです！

たとえば、視覚が不自由な人の代わりにカメラを通じて視覚をシェアしたり、英語が不得意な人に代わってスピーカーを通じて話したり。さらには視覚の不自由な人と、足の不自由な人が弱みと強みを交換し、協力し合うことだって可能だ。

とてもいいやつなんですね！　自分の身体機能を他人にシェアしてたくさんの人が助かる世界かぁ……。今までにないやさしい体験が、テクノロジーの力で可能になったわけですね。

日本には「手を貸す」という言葉があるだろ？　そこに「耳を貸す」「目を貸す」「足を貸す」「口を貸す」という行為が社会に広がるとどうなるか。きっときれい事ではなく、今までよりも温かい世界が広がるはずだと信じて生まれたロボットが、NIN_NINなんだ。

NIN_NIN

NIN_NIN のビジュアルイメージ

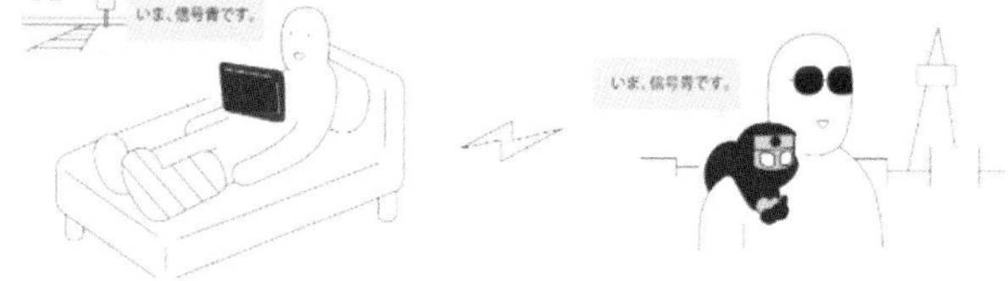



NIN_NIN 使用イメージ

世の中の人をみつめて、今どんなものがあると新しい喜びが生まれ、社会がより良くなっていくのか。そういった視点を持つことが大切なんですね。そうした上で、いまこの世界に必要な体験をクリエイティブの力で生み出していく！　私にもできることないかな……なんだかうずうずしてきました！

7-4　人をみつめてゼロからつくる：その4

# ラグビーのチャリティーマッチ

続いて、2022年6月に行われた日本ラグビーフットボール協会の「JAPAN RUGBY CHARITY MATCH 2022」。日本在住トンガ選手と、EMERGING BLOSSOMS（日本代表に選出される可能性のある選手で構成されたスペシャルチームで日本代表経験者も多く加わった）とのチャリティーマッチだ。

なんのためのチャリティーマッチ？　試合をゼロからつくったってことですか？

事の発端は、2022年1月15日のトンガ火山噴火・津波被害だ。実は日本のラグビーは、昔からトンガと強いつながりがある。そこで、トンガのために何か少しでもできることがないだろうかと、日本ラグビーフットボール協会は真剣に考えたんだ。

……これもまた、人をみつめたときに、協会が「試合をゼロからつくる」がいいのでは、と考えた結果、ってことですよね？

お、だいぶわかってきたな、その通りだ。トンガのために何かしたいと思っているのは協会だけじゃない。ラグビーファンだって、同じ想いだ。そこで、その気持ちを表現できる場、思いっきりアクションを起こせる体験として、チャリティーマッチをつくったということだ。

ラグビーのことを本気で想う一人ひとりが妥協せずに、ベストを尽くした結果、形になったんでしょうね。ファンの喜ぶ顔も、想像できます！　でも、試合に来られないファンには、どのように想いを表現してもらったのでしょう？

そこもポイントだ！　同じように考えた協会は、初の試みとなるNFT（Non-Fungible Token：代替不可トークン）に挑戦。当日のプレーシーンや普段は見られない舞台裏、ラストにはカメラに選手が直接サインを書く映像を販売し、その売上金をトンガに寄付したんだ。

JAPAN RUGBY CHARITY MATCH 2022

JAPAN RUGBY CHARITY MATCH 2022 告知ビジュアル

JAPAN RUGBY MARCH 2022 大会当日の様子（©JRFU）

その場に来られた人も来られなかった人にも特別な体験を提供したんですね。たしかにこれもまた、人を本気でみつめて、考えたがゆえの「サービス開発」か……誰かのためになるなら、手段は固定しなくたっていい。なんか、CXって格好いいですね！

7-5 人をみつめてゼロからつくる：その5

# バイクのファンコミュニティ

ゼロからつくる事例の最後は、バイクのカワサキのブランド「Ninja」だ！

バイクですか!? これまた、今までのマスクや漫画やロボットやラグビーと違って、どのような体験ができるのか気になります。

そもそもNinjaというブランドは、約40年もの歴史があり、人気モデルでファンも多かった。ただ、カワサキとNinjaファン、またはファンとファンのつながりをさらに広げる方法はないか、探していたんだ。

Ninjaファンとのつながりか……。これまた難しそうなお題ですね。でも、きっとファン一人ひとりのNinjaへの想いは熱い分、うまいつながりをつくれたら、また何か新しくて特別な体験が生み出せそう。

そうなんだ。そこでカワサキは、NinjaのLINE公式アカウントを制作。Ninjaファンが友だち登録すると、とあるレース情報が確認できる。そのレースというのが、「Ninja Team Green Cup」。モータースポーツの、いわゆる“ワンメイクレース”とよばれる、Ninja ZX-25Rという車種に乗る人だけで行われるレースをゼロからつくり出したんだ。

またすごいものをつくりましたね。でも、たしかにそんなレースがあったら、そのLINEには登録したくなりますし、新しいファンコミュニティが生まれる感じはしますね。

もちろんレース未経験の人も参加可能で、サーキットならではの解放感、疾走感あふれる走行が楽しめる！　バイクの魅力にハマるコンテンツが盛りだくさんのイベントに、実際多くのファンが集まったそうだ。企業とファンがつながり、ファンとファンもつながる「Ninja Team Green Cup」も、人をみつめて本気で考えたからこそ生まれたいい事例だな！

Ninja のファンコミュニティ

Ninja Team Green Cup 公式アカウント内

人をみつめて、その人たちが喜んでくれる商品やサービス、イベントをゼロからつくり、新たな体験を提供する！　ちょっとCXの捉え方が変わったかもです！

新メニューづくり

裏メニュー④

# 未知のレシピ

## テクノロジーやAIによる新しい体験創出

ところで……、なんかもっとこう、刺激的なメニューとかもあったりしないんですか？

そうだな～。いまCXクリエイティブに新たなテクノロジーが続々と活用されている。

どんなテクノロジーですか？　たとえば、AIとか……？

AIなんて、もうあたりまえにCX界隈に進出している！　さては、まだまだ勉強不足だな？

すみません……。テクノロジーがきっかけとなって新しい体験が生まれていく未来……なんだかワクワクしますね！

料理もCXクリエイティブも、その時代を生きる人に新たな変化があるかぎり、新しさに終わりがない世界だ。そしてその追求こそが、面白くもある。

……そうですね！　自分もその時代にピッタリな、新しいもの、つくりたいです！

新しい体験を生み出していくために、ここではテクノロジーの活用事例を紹介するぞ！

## 国立競技場オープニングイベント「ONE RACE」

まずは2019年12月に、新しくなった国立競技場のオープニングイベントにて、世界3拠点を超高速通信テクノロジーでつないで開催されたリレー「ONE RACE」。

どんなレースだったんですか？

「ONE RACE」では、健常者や障がい者、性別、物理的な距離を超えて、「共に同じレースを走る」という共通の目的に向けて、さまざまな国のアスリートたちで4チームを結成。国立競技場と海外の競技場で行われるレースをリアルタイム中継でつなぎ、国境を超えたひとつのレースが生まれたんだ。

勝ち負けとかじゃなくて、違いを超えて1本のバトンをつなぐことに意味がある新しいスポーツの形ですね。出場した選手にとっても特別な体験だったかと思いますが、このレースを観客席や映像でみることができた人にとっても心に残る体験になった気がしますね。

「共に同じレースを走る」という目的で実施された「ONE RACE」

## 東京2020オリンピック日本代表選手団 壮行会

次は史上初のオリンピック日本代表選手団の結団式および壮行会のオンライン開催。東京2020オリンピックのときの話だな。

コロナ禍でリアルで開催できるような状況じゃなかったですもんね……。それでもアスリートを応援したいという気持ちは変わらないから、選手も嬉しかったでしょうが、すべてのスポーツファンにとってオンライン開催は嬉しい出来事ですね。

オンラインでつながっていた日本代表選手らのリモート合唱もあったりして、盛り上がりを見せたんだ。コロナ禍で人と人が会うことができず、さまざまな制限ができたが、逆にその縛りを利用して新たな体験も生まれていたわけだな。

人類の想いが、アイデアが、テクノロジーが、新型コロナウイルスを超えた瞬間ですね。なんだか胸が熱くなってきました。

史上初めてオンラインで壮行会が催された

## JOC日本オリンピックミュージアム「オリンピックゲームス」

もうひとつオリンピック関連を。東京にあるJOCオリンピックミュージアムの「オリンピックゲームス」だ。競技に共通する動きをしながら、オリンピアンの身体能力に挑戦できる。

それは面白そうですね！　テレビでみているだけだと、どのぐらいすごいのかを想像しきれないですもんね。

たとえば、オリンピアンのジャンプの高さに挑戦できる「JUMP」、走る速さを体感できる「RUN」、ピストルで射撃競技のオリンピアンと対決できる「TARGET」、スキージャンプやスケートボードなどのバランス能力を体感できる「BALANCE」など、子どもから大人まで楽しみながら挑戦できる。

遠い存在だったオリンピアンと自分自身の比較を体感することで、その選手や競技のすごさを改めて実感できるわけですね。これもまた、新しいスポーツ体験の形が、テクノロジーの進化によって生まれましたね。やってみたいなあ！

オリンピアンの身体能力に挑戦できる「オリンピックゲームス」

## AI×指名手配被疑者「TEHAI」

続いては、AIによる最新の画像解析技術を使い、「指名手配被疑者」の過去の写真と情報から今の姿を予測生成し、特設サイトやポスターで公開した「TEHAI」だ。

たしかに、指名手配の顔ってずっと若いままで、今はどんな顔かわかんないから、めちゃくちゃ良い方法ですね！

ニュース性を高めて改めて指名手配被疑者を世に認知させるという狙いもあったと思うが、「過去の事件」と思われがちな指名手配写真を更新することで、「今も続く事件」であると知ってもらう役割があるかもしれないね。

これも人をみつめたがゆえに生まれた、新しい体験ですね。事件のいち早い解決を、切に願います。

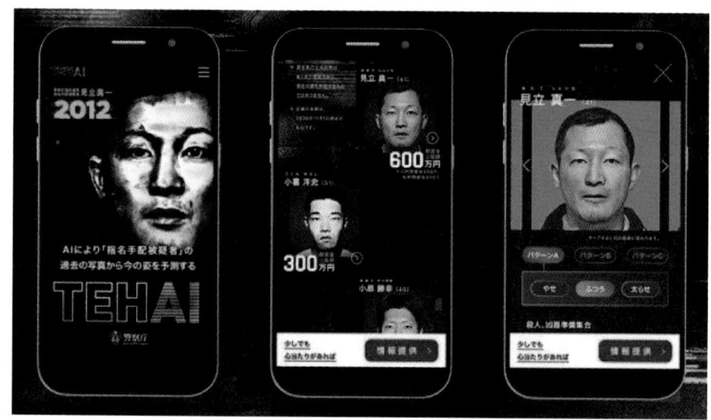


指名手配被疑者の今の姿を予測する「TEHAI」

## AI×サッカー「AI11（AI ELEVEN）」

次はAI×サッカーの「AI11（AI ELEVEN）」。AI11は、AIを用いて、サッカーの試合中に勝敗をリアルタイム映像から予測するシステムで、韓国のプロリーグのLIVE配信プラットフォームなどで提供されているぞ。

それはすごいですが、なんのためにそんな予測を？

たとえば、サッカー未経験の人が試合を見たとき、どっちのチームが有利なのかわからないことがあるだろ？　AI11はその指標を出すことで、観戦へのハードルを少し下げてくれるんだ。

サッカーの新しい観戦体験と楽しみ方を提供してくれているんですね。テレビをみながら「やっぱりそうだよね」とか「本当に予測どおりになるのかな？」みたいなワクワク感も出てきそう。チームを応援する以外の楽しさが生まれていますね！

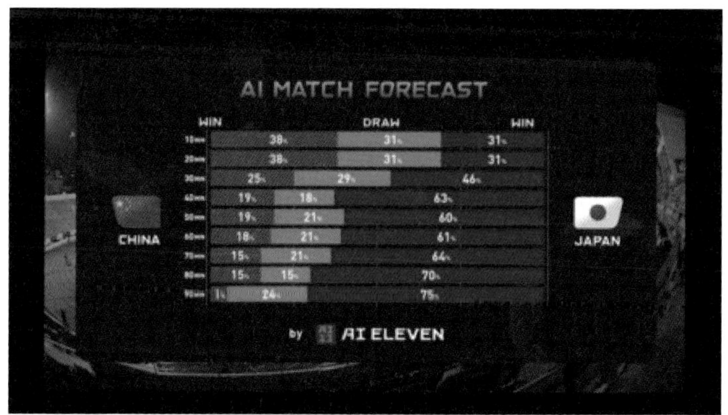


サッカーの試合の勝敗をリアルタイムで予測する「AI11」

## AI×テレビスポット枠「RICH FLOW」

続いて表舞台に出ることはない裏側でのAIの活躍も紹介しよう。複数のキャンペーン間で、テレビスポット枠の組み換えシミュレーションを行うシステム「RICH FLOW」だ。

トップファネルの分野でも、実はAIの活躍があるんですね！具体的にはどういったことをしてくれるんですか？

広告主によってさまざまなリクエストと出稿条件がある中で、AIが無数の組み換えパターンを探索し、より効果的なテレビスポット出稿を提案してくれるんだ。たとえば、アイスだったら暑い日の番組にCMを流したほうが効果的だし、視聴者にとっても嬉しい情報となるだろ？

これもまた、テレビCMをみる人のことをみつめて考えた結果生まれたシステムですね。クリエイティブ制作以外の場面でも、うまく力を発揮しているAIが頼もしい相棒に思えてきました！

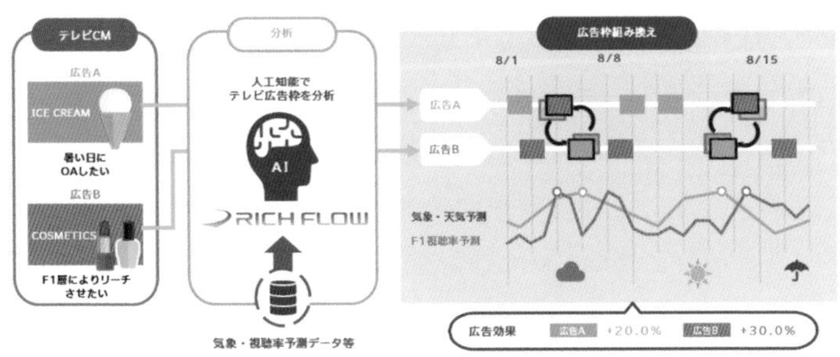


テレビスポット枠の組み換えシミュレーション「RICH FLOW」

## AI×画家「“名画になった”海展」

これがこのコラム最後の事例、「“名画になった”海展」だ。Spikes Asiaという海外の広告賞でもグランプリを獲得した世界的な評価も高かった、AI×画家の事例だな。

へえ〜！　どのようなAI活用なんですか？

まず前提として、プラスチックゴミによる海洋汚染が近年、世界的に問題になっていることは聞いたことがあるだろう。産業活動によって排出される年間数百万トンものプラスチック廃棄物が、魚をはじめ、海全体の生態系に悪影響を及ぼしている。そんな中、この未来を脅かす深刻な問題に警鐘を鳴らすため、この「“名画になった”海展」は開催されたんだ。

なるほど。未来を生きる人をみつめて生まれた展覧会ともいえそうですね。具体的には、どんな展示内容だったんですか？

「2050年に海洋プラごみの量は魚の量を超える」という予測データに基づき、海を描いた世界中の名画に、その作者のタッチをAIで再現してプラスチックゴミを描き足すことで、その名画の2050年版を作成。海が描かれた有名な絵画のタッチのまま、2050年の酷い様子が見られるという、誰も経験したことのない体験を実現したんだ。

海洋汚染に警鐘を鳴らす「"名画になった"海展」

「"名画になった"海展」の出展作品

なるほど……。言葉だけで説明されてもいまいち「自分ごと化」できない部分もありますが、こういったみせ方をされると、ちょっとグッとくるものがありますね。

つくり方としては、絵画内に描かれている海の2050年のプラゴミの量を概算。その結果に合わせて、実際の海洋プラゴミ画像を絵画に付加。そしてAI技術を活用して、それぞれの絵画風に変換した、という流れだな。

未来を生きる人たちをみつめ、今を生きる人たちへの問題提起をAIをうまく活用しながら新たな体験の形で伝えたわけですね。

やはりCXクリエイティブにおいては「人をみつめる」ことが何よりも大切なんだ。「体験」というものには常に人の存在があるからね。そんなあたりまえのことを忘れないよう、我々も気を付けねばだな。

いろんな事例をみることで、シェフのいっていることが少しずつ理解できてきた気がします。あとはこの考え方を忘れずに、普段の仕事でもうまく活用していかねば、ですね！
ああ！　明日9時半からの打ち合わせ資料が、まだ表紙しかできていない……。大至急やらねば！！

……どれだけテクノロジーが進化しても、締切ギリギリまで動き出せない人間の習性ってのは、昔から何も進化しないなぁ。はっはっは～！

# 第8章 試作

# CXクリエイティブを
# 実際につくってみよう

8-1

# 分析からアウトプットまで一気にシミュレーションしてみよう

第7章の新メニューづくりまで終わりました。

ここまで一気に話してきたけど、どう？
あとはもう自分でできるくらい、理解できたかな？

それはもちろん！
……わかったような、わからないような……。

ははは、そういうと思った。なら、試しに一度CXクリエイティブを1からひと通りつくってみるかい？

え～！　できますかね……。

大丈夫！　一緒にやってみよう。さて、まずCXクリエイティブをつくるには、何か対象となるプロダクトがないとね。
そうだな……たとえば私たちがレストランを始めたとして、その店を対象にするなんてどうだい？

レストラン経営かー！　楽しそうですね。私も料理好きです。
で、何のレストランにします？

私はイタリアに留学していたことがあるから、イタリアンで考えてみようか。

場所は東京の恵比寿なんてどうです？　繁華街やビジネス街からも近くていつもにぎわっているし、大人が楽しめるおしゃれなお店もたくさんありますし。

いいねぇ！　決まりだ。よし、ここからCXクリエイティブについて考えていくとしよう。まず、私たちのレストランはどんな人にどんな体験をしてもらおう？

まず人をみつめる、ですね。

架空のレストランでCXクリエイティブをつくろう！

**イタリアンレストラン「ビストロCX」**

- 恵比寿駅から徒歩5分
- 新装開店したカジュアルイタリアン

営業時間や価格設定、お店の設備などは、これからターゲット分析を通してニーズを調べながら決めていくとしよう。


試作

8-2

# ステップ1：「クラスター」を設定してみよう（1-2参照）

恵比寿の飲食店は、男女ともに、若者や働き盛りの人でにぎわっているイメージだな。あと夜は飲み会が多そう。

なるほど。ではまず「Tunes」（広告代理店などで活用されている分析ツール）を使って、恵比寿に来ている人は食や飲食店に対してどういう興味があるのか、どんなことを求めているのか、を探ってみよう。ざっくり「男性10-40代」「女性20-40代」でデモグラ（デモグラフィック：性別、年齢、居住地域、所得、職業、家族構成などの属性）を区切り、それぞれの「お店・メニューを選ぶときの重視点」を調べてみるんだ。

ちなみにデモグラは性別・年代だけじゃなく、習慣や行動なんかでも条件を絞れるみたいですよ！　試しに「アルコール飲用頻度週4日以上」で条件を絞って、お店のワインを積極的に飲んでくれそうな「お酒好き」を抽出してみましょう。

いいね。ではついでに、うちのお客さんになってくれそうな「学生」や「おひとりさま（独身暮らし男女）」も条件を絞って調べてみようか。
もしかしたら、面白い傾向がわかるかもしれないからね。

| | 全体（%） | 女性20-40代 | 男性10-40代 | 男女未婚独居 | 飲酒週4以上 | 男女学生 |
|---|---|---|---|---|---|---|
| 立地がいい | 41.8 | 44.7 | 35.6 | 42.8 | 46.2 | 30.9 |
| 看板が目立つ | 4 | 2.6 | 5.7 | 3.4 | 5.4 | 5.9 |
| 混雑していない | 29.3 | 34.4 | 21.9 | 29.6 | 29.4 | 28.8 |
| 長居しやすい | 14.2 | 17.8 | 11.3 | 15.3 | 10.4 | 19.1 |
| 店内の清潔さ | 36 | 46 | 22.8 | 33.3 | 41.6 | 27.8 |
| 店の造りや雰囲気 | 17 | 23.2 | 11 | 17.2 | 17.3 | 18.4 |
| 大手チェーンの安心感がある | 10.9 | 10.4 | 10.7 | 7.9 | 9.8 | 21.3 |
| 世間で流行っている感じがする | 3.6 | 3.7 | 4.3 | 2.6 | 4.5 | 7.5 |
| 品ぞろえ・バラエティが豊富 | 20.8 | 27.2 | 14.1 | 19.7 | 22.9 | 16.6 |
| そこにしかないメニューがある | 21.6 | 29.8 | 14 | 21.2 | 21.7 | 19.7 |
| コスパがいい | 34.9 | 44.5 | 27.2 | 32.8 | 35.8 | 29.1 |
| クーポンが使える | 19.9 | 28.6 | 13.7 | 18 | 17.6 | 20 |
| ポイントカード・マイレージサービスがある | 14.9 | 20.7 | 11.3 | 13.6 | 13.7 | 10.3 |
| 手軽に利用できる | 20.1 | 28.6 | 13.3 | 17.6 | 19.9 | 15.9 |
| Uber Eatsなどデリバリーサービスに対応 | 2.3 | 2.9 | 2.4 | 1.9 | 1.8 | 4.1 |
| 接客や配達員のマナーがいい | 19.5 | 27 | 9 | 19.5 | 23.3 | 12.8 |
| 子どもや家族と一緒に利用できる | 11.1 | 20.4 | 7.1 | 1.7 | 8.4 | 7.2 |
| 一人で利用できる | 14.8 | 15.6 | 11 | 28.3 | 13.1 | 11.6 |
| あてはまるものはない | 19.1 | 10.3 | 30.7 | 21.7 | 14.9 | 23.4 |

**外食のお店選びの重視点　※数値はデモグラごとの%（MA）**

| | 全体（%） | コスパ層 | おひとり様層 | 食べ応え層 | お酒好き層 | 学生 |
|---|---|---|---|---|---|---|
| 量が多い | 18.4 | 13.5 | 17.7 | 26.3 | 13.3 | 23.4 |
| 食べごたえがある | 26.3 | 26.3 | 26.6 | 30.2 | 22.7 | 29.1 |
| お腹にたまる | 11.8 | 12.0 | 9.9 | 14.3 | 7.1 | 15.6 |
| 味がしっかりしている | 17.7 | 15.3 | 14.7 | 18.4 | 21.5 | 15.9 |
| 味があっさりしている | 7.6 | 9.1 | 9.0 | 7.2 | 6.2 | 11.9 |
| おいしい | 57.3 | 68.7 | 53.9 | 39.6 | 61.9 | 55.9 |
| 健康にいい | 17.0 | 23.5 | 15.7 | 10.3 | 17.6 | 16.6 |
| バランスがいい | 22.2 | 29.6 | 25.5 | 14.2 | 23.8 | 15.0 |
| 品質が良い | 34.0 | 34.9 | 21.3 | 14.4 | 28.3 | 16.6 |
| たくさんの素材が食べられる | 21.6 | 29.8 | 12.6 | 7.1 | 11.6 | 6.9 |
| 自宅では作れない | 34.9 | 44.5 | 34.3 | 18.4 | 31.8 | 24.7 |
| 見た目がおしゃれ | 19.9 | 28.6 | 7.6 | 4.5 | 7.4 | 8.8 |
| 人気の商品である | 5.8 | 7.8 | 4.4 | 4.2 | 6.0 | 9.4 |
| 世間で流行っている | 3.9 | 5.1 | 3.4 | 3.4 | 5.0 | 5.9 |
| 周囲のススメ | 3.4 | 3.7 | 2.1 | 1.9 | 3.6 | 7.2 |
| コスパがいい | 35.5 | 44.2 | 33.8 | 27.5 | 36.9 | 31.3 |
| 価格が安い | 33.3 | 39.1 | 32.3 | 29.1 | 27.3 | 37.2 |
| クーポンがある | 18.9 | 28.4 | 18.0 | 14.5 | 15.5 | 20.3 |
| 手軽に食べられる | 18.0 | 25.5 | 18.5 | 11.7 | 15.8 | 20.6 |
| 野菜が食べられる | 15.2 | 19.8 | 17.6 | 9.6 | 18.1 | 10.3 |
| 糖質が低い | 5.0 | 4.2 | 15.3 | 3.1 | 7.2 | 5.0 |
| カロリーが低い | 4.8 | 5.0 | 4.9 | 3.1 | 5.0 | 7.2 |
| 好きな食材が使われている | 15.4 | 21.9 | 15.2 | 8.4 | 15.5 | 17.2 |
| 複数人で分けて食べられる | 3.4 | 4.6 | 2.7 | 2.1 | 4.8 | 3.4 |
| あてはまるものはない | 15.1 | 6.6 | 18.5 | 24.1 | 13.1 | 19.1 |

**外食のメニュー選びの重視点　※数値はデモグラごとの%（MA）**

試作

すごい！　面白い差が出ますね。「女性20-40代」は、お店選びもメニュー選びもいろんな条件を吟味している人が多いなぁ。

とくに「コスパの良さ」は、どちらのデータでも半分近くの女性が重視しているね。彼女達を「コスパ層」とクラスタリングしてみるのはどうだろう？

なるほど、わかりやすい！　それに比べて「男性10-40代」は、量や食べ応え、お腹にたまることを重視する人が多いから「食べ応え層」なんてどうです？

いいじゃないか。お酒好きな男女はそのまま「お酒好き層」としておこう。食べ応え層とは反対に、おいしさや料理の質の高さを重視しているというのが興味深いね。

トレンド感やデリバリーサービスもチェックしている「学生層」と、ひとりで利用しやすいことが大事な「おひとりさま層」も参考になりそうですね！　よし、クラスターをまとめてみましょう。

うん、だんだんお客さんの顔が見えてきたね。ここでの「外食時の重視ポイント」を参考にプロダクト、つまりレストラン自体のスペックを強化してもいいかもしれない。たとえばランチは、コスパ層に向けてサラダとスープ付きの日替わりパスタを1000円で提供するなんてどうかな。プラス200円で大盛りにできると食べ応え層が喜ぶかもね。その代わり、ディナーではお酒好き層に向けて、多少高めでもこだわりのメニューを開発しよう。サービス面では、学生やおひとりさまのためにデリバリー対応やカウンター席の設置をしていくと、間口が広がりそうだね。

ガッツリいきたいタイプ
**＜食べ応え層＞**

・男性10-40代
・構成比率：約30%
・外食時の重視点：
-量が多い
-食べ応え
-お腹にたまる
-看板が目立つなど

何事も賢く選択タイプ
**＜コスパ層＞**

・女性20-40代
・構成比率：約20%
・外食時の重視点：
-コスパがいい
-店内の清潔さ
-おいしい
-自宅ではつくれないなど

料理×お酒を楽しむタイプ
**＜お酒好き層＞**

・男女不問 20代-
・飲酒頻度：週4日以上
・構成比率：約20%
・外食時の重視点：
-おいしい
-品質がいい
-立地がいい
-店内の清潔さなど

入りやすさで選ぶタイプ
**＜おひとりさま層＞**

・男女不問 未婚独居
・構成比率：20%
・外食時の重視点：
-ひとりで利用できる
-自宅ではつくれない
-バランスがいい
-野菜が食べられるなど

今どきの店を選ぶタイプ
**＜学生層＞**

・男女不問 学生
・構成比率：約10%
・外食時の重視点：
-大手チェーンの安心感
-長居しやすい
-流行っている感じ
-デリバリーサービスなど

クラスターごとの特徴と外食時の重視ポイント

**クラスター分析はコミュニケーションの指針になるだけでなく、商品自体の改良のヒントにもなるんですね！**

8-3

# ステップ2：「カスタマージャーニー」を描こう（1-3参照）

よし！　このままカスタマージャーニーも描いてみようか。
まずは一番ボリュームの大きい「食べ応え層」でやってみよう。

えーと、たしかお店を知って（認知）、来店してもらって（購買）、常連さんになってくれる（ロイヤルカスタマー化）までの大まかな行動・思考の流れを想像するんですよね……。
若い男性が多い「食べ応え層」なら、SNSやテレビでお店自慢の大盛りメニューをアピールしたら、自分向けのお店だと気づいてくれるかな。気になればスマホでお店の情報をチェックして、近くに来たのをきっかけにランチしてみる。その後ディナーに友人を連れてきたり、ポイントカードをつくってくれたら、ほぼ常連だ！　図にまとめると、こんな感じでしょうか？

| ステップ | 気づき | 情報収集 | 比較・検討 | 入店・利用 | リピート | アップセル | 常連化 |
|---|---|---|---|---|---|---|---|
| 行動 | ●記事や広告で店の存在を知る | ●店のサイトやグルメアプリでメニューなどを確認 | ●立地や営業時間を確認<br>●道で看板を発見 | ●食事を楽しむ<br>●SNSの存在を知る<br>●ポイントカードをもらう | ●SNSで思い出し再来店する<br>●ポイントを貯める | ●SNSで新メニューを知る<br>●夜も利用してみる | ●友人や恋人を誘う<br>●店員と顔見知りに<br>●SNSでクチコミする |
| 思考 | こんな店あるんだボリューム満点でおいしそう！ | 大盛りOKなんだ<br>いつか行ってみよう | 今日行けるかな？調べなきゃ…<br>気になってたあの店だ | ガッツリでうまかった！<br>ポイントカードいらないな… | あの店また行こう<br>ポイント特典もあるし | 新メニューもうまそう<br>飲み会でも使ってみるか | 行きつけの店ができて嬉しいな<br>いい店だからみんなに教えよう |

食べ応え層の「ステップ」「行動」「思考」

いい感じだね。ここに各段階のタッチポイント（顧客に接触するためのメディア）を書き足して、気持ちの動きを感情曲線にしてみよう。

はい！　まずは写真で直感的に訴えかけるInstagramで食欲をそそり、その後Twitterでタイミングよく誘いかけて、来店してくれた後はLINEで友達のようにつながりつづけるのはどうでしょう。ひと通り書き出してみます！

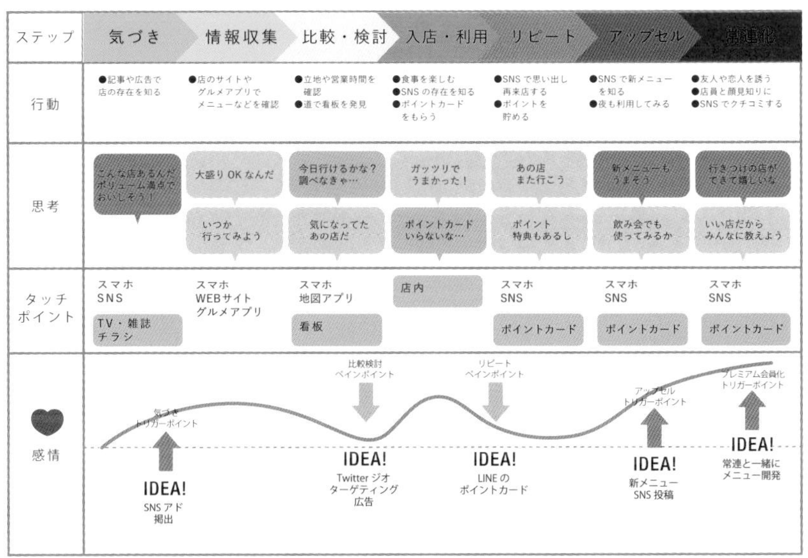

食べ応え層の外食カスタマージャーニー

やればできるじゃないか！　素晴らしい。これでコミュニケーションでやるべきことも大体見えてきたね。

8-4

# ステップ3：クラスターごとにメッセージを打ち分けよう（第2章参照）

次は「味付け」ですね！

先程の「Tunes」のデータから、クラスターごとに「トリガー」を見つけて、メッセージを書き分けていこう。

できた！　このメッセージ、そのまま広告コピーにしてSNSや呼び込みチラシなんかに使えそうですね！

ガッツリいきたいタイプ
<食べ応え層>

- 男性10-40代
- 構成比率：約30%
- 外食時の重視点：
  -量が多い
  -食べ応え
  -お腹にたまる
  -看板が目立つなど

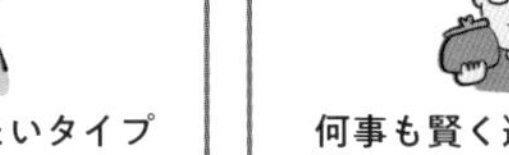

何事も賢く選択タイプ
<コスパ層>

- 女性20-40代
- 構成比率：約20%
- 外食時の重視点：
  -コスパがいい
  -店内の清潔さ
  -おいしい
  -自宅ではつくれないなど

料理×お酒を楽しむタイプ
<お酒好き層>

- 男女不問 20代-
- 飲酒頻度：週4日以上
- 構成比率：約20%
- 外食時の重視点：
  -おいしい
  -品質がいい
  -立地がいい
  -店内の清潔さなど

代表的なクラスターの「レストラン」のトリガー

| | ①立地（%） | ②イタリアン | ③お得なランチ | ④シェフのこだわり | ⑤内装（モダン&カジュアル） |
|---|---|---|---|---|---|
| 食べ応え層 | 恵比寿駅すぐ！ | がっつりイタ飯！ | +200円で大盛り | おいしく<br>お腹一杯！ | ― |
| コスパ層 | 駅近で便利！ | 大満足イタリアン | コスパ抜群ランチ | 本格派&良心価格 | おしゃれな内装 |
| お酒好き層 | 恵比寿駅徒歩5分 | ワインと相性抜群 | 昼呑みしちゃう？ | 本場も認めた味 | 雰囲気良し |

クラスターごとの「ビストロCXに行きたくなる」メッセージ切り口

8-5

# ステップ4：ファネルごとに情報を加工しよう（第3章参照）

よし、続いては「調理」だ。カスタマージャーニーを見ながらそれぞれにメッセージを選んでいくよ。

同じクラスター向けでも、いろんな打ち手がイメージできます。

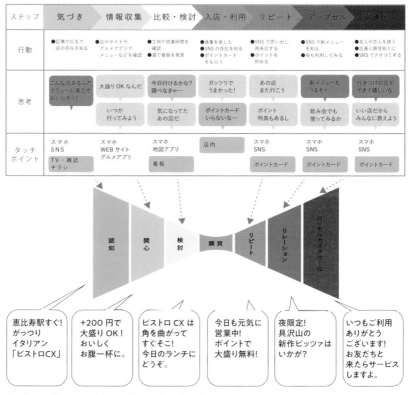

| ステップ | 気づき | 情報収集 | 比較・検討 | 入店・利用 | リピート | アップセル | 常連化 |
|---|---|---|---|---|---|---|---|
| 行動 | ●記事や広告で店の存在を知る | ●店のサイトやグルメアプリでメニューなどを確認 | ●立地や営業時間を確認<br>●道で看板を発見 | ●食事を楽しむ<br>●SNSの存在を知る<br>●ポイントカードをもらう | ●SNSで思い出し再来店する<br>●ポイントを貯める | ●SNSで新メニューを知る<br>●夜も利用してみる | ●友人や恋人を誘う<br>●店員と顔見知りに<br>●SNSでクチコミする |
| 思考 | こんな店あるんだボリューム満点でおいしそう! | 大盛りOKなんだ<br>いつか行ってみよう | 今日行けるかな?調べなきゃ…<br>気になってたあの店だ | ガッツリでうまかった!<br>ポイントカードいらないな… | あの店また行こう<br>ポイント特典もあるし | 新メニューもうまそう<br>飲み会でも使ってみるか | 行きつけの店ができて嬉しいな<br>いい店だからみんなに教えよう |
| タッチポイント | スマホ<br>SNS<br>TV・雑誌<br>チラシ | スマホ<br>WEBサイト<br>グルメアプリ | スマホ<br>地図アプリ<br>看板 | 店内 | スマホ<br>SNS<br>ポイントカード | スマホ<br>SNS<br>ポイントカード | スマホ<br>SNS<br>ポイントカード |

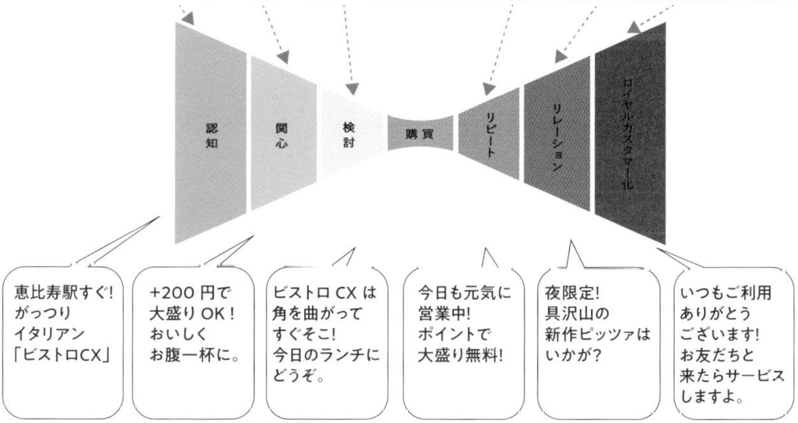

カスタマージャーニーに対応するメッセージ検討

8-6

# ステップ5：プラットフォームごとに表現を最適化しよう（4-1参照）

あとは「盛り付け」だ。メディアに合ったみせ方を考えよう。

今回のカスタマージャーニーによると……、認知ファネルと関心ファネルではオウンドメディアとしてInstagramを使う。検討ファネルではペイドメディアとしてTwitterでユーザーの許諾を得た上でジオターゲティング（位置情報をもとにしたWEB広告配信）を使い、来店後のリピート（再来店）ファネルはLINEとか。

頭３秒のツカミ
が勝負！
料理の俯瞰動画
で“映え”
を狙ってみよう。

Instagram　ストーリーズ／インフィード広告

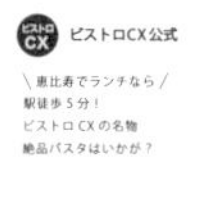

リアルタイム性が大事！
スクロールされないよう
具体性を意識しよう。

Twitter　インフィード広告（ジオターゲティング）

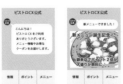

ビストロCX公式
こんにちは！
ビストロCXをご利用
ありがとうございます。
メニュー情報やお得な
クーポンをお届けします。
情報　ポイント　メニュー
SNS　ご予約　デリバリー

1to1のメディア
だからな。
挨拶の後に、新
メニューの紹介
やリピーター限
定クーポンを
送ってみよう！

LINE　公式アカウント

うん！　ばっちりじゃないか。君に伝えることはもう何もないな。あとはお店でお客さんが来るのを待つのみだ！

ありがとうございます！　でもシェフ、ここで終わりじゃないですよね？　LINEで友だち登録をしてくれたお客さんにお礼メッセージや次回使えるクーポンを送ったり、アンケートを取ってみたり、新メニュー試食会を開いたり、口コミやご意見を常にチェックしたり……、メニューやお店の運営をどんどん改善していかないと！

おお、「実食」（第5章）と「おかわり」（第6章）もちゃんと覚えていたね！　すばらしい。実際には開店後、お客さん達の反応を見ると、コミュニケーションやお店の運営自体にも多種多様な改善の可能性が出てくるだろう。今回は、実際に出店していないから、シミュレーションは割愛するけどね。いやぁ、私たちのお店はきっと繁盛するな。

へへへ。私たち2人でホントに出店してみます～？

⋮

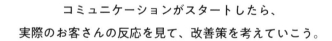

コミュニケーションがスタートしたら、
実際のお客さんの反応を見て、改善策を考えていこう。

## ステップ6：PDCAサイクルを回して、めざせ“常連に愛される店”！（第5章・第6章参照）

TO BE CONTINUED...

CX Hambrug Steak Special Recipe
Caramelized Onion
1 Onion
1 tsp Olive oil
Hamburg Mixture
250g Ground Beef and Pork
Point!
Cluster Sauce
Glazed Carrots , Watercress
Daikon Radish grated & Ponz
Avocado , Tomato
cool down completely .
natural sweeteness to "Ha
1 . Saute onion slowly
The cooked onion will add
2 . Knead the mixture into gruel with hands .
3 . Play catch , tossing meat mixture from your left
your right hand . Do this a couple of times in a
release the air inside . If you skip , the Hamburg
4 . Let the meat patties cool in the refrigerator
to solidify fats and take them out only righ

# 第9章

# レシピ集

# CXクリエイティブ
# 実践例

9-1

# これが効く！<br>CXクリエイティブの型

これであなたもすっかり一人前だ。新しい事業やサービスをつくる事例はたくさんみせたので、最後に、今私がみつけているCXクリエイティブの「型」を伝授しておこう。

え？　型があるんですか！？

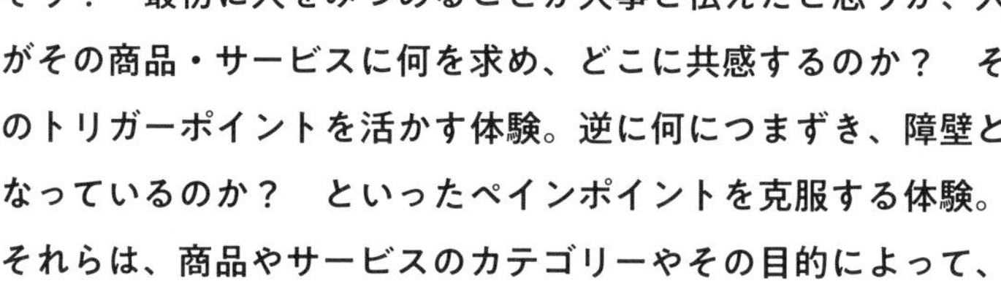

そう！　最初に人をみつめることが大事と伝えたと思うが、人がその商品・サービスに何を求め、どこに共感するのか？　そのトリガーポイントを活かす体験。逆に何につまずき、障壁となっているのか？　といったペインポイントを克服する体験。それらは、商品やサービスのカテゴリーやその目的によって、ちょっとした傾向があることをみつけたんだ。

さすがです、シェフ！　では早速……。

ちなみに、今担当している商品は何かな？

日用品です。

だったらデュアルファネル®である必要はないぞ。まずは認知してもらって店頭で間違いなく手に取ってもらうことが大切だから、ファネルの左側、パーチェスファネルのみの定食型（9-3）がオススメだね。

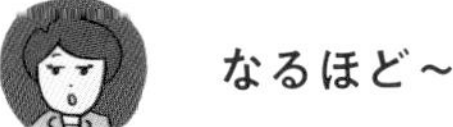

なるほど～。

ではここからは具体的な事例を通して、レシピの型を見てみよう。

その型さえ覚えていれば、バッチリですね！

いや、ここで紹介するのはあくまで今の型だ。これをベースに新たな手法やテクノロジーを駆使して新しい型をつくり出していって欲しい！

そこまで私に期待を！　がんばりますっ！

9-2

# あらゆる瞬間・欲求を捉えるフルコース型

ブランド・憧れで動く商材／GR YARIS（TOYOTA）

ブランドや憧れが購買のトリガーとなる商材では、ファンの気持ちに寄り添ってキャンペーンを設計することが重要だ。ファンが喜ぶ体験とは何かを徹底的に考え、さまざまなコンタクトポイントを用いて丁寧にCXクリエイティブを積み重ねていく。あらゆる瞬間・欲求を捉えるためのデュアルファネル®キャンペーンを、フルコース型として紹介しよう。

〈事例の概要〉

GR YARISは、トヨタがWRC(世界ラリー選手権)から得た技術や技能を詰め込んで開発したスポーツカー。いわゆるラリー好きを中心に、走り好きな人々のために作られた特別な車だ。つまり、顧客になり得る人ははっきりしている。その人々が車を購入し、ファンになってもらうためのカスタマージャーニーは？

どんな瞬間に、何をみたときに「欲しい！」「乗りたい！」と思ってくれるか？それをひとつずつ丁寧に積み上げていった結果、まずテレビCMで認知。より深い魅力を伝えて関心を持ってもらうWEBムービー、実際に商品に触れてもらう体験の場、そして買ってもらってオーナーになってからもつながり続ける施策が並ぶいわば「フルコース型」になった。

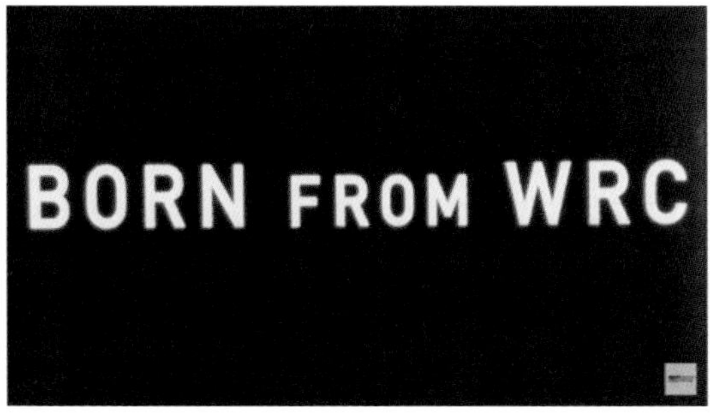


コアとなる価値のコピー

このケースのように、制作するCXクリエイティブの数が膨大になる場合は特に、全体を貫くコンセプトをしっかりと策定することが重要だ。

GR YARISは、ラリー好き、走り好きにとって大きな魅力となる「WRCから生まれた車」というファクトでありコアとなる価値を、「BORN FROM WRC」というコピーで表現。そのコピーを軸にすべての施策が設計されている。

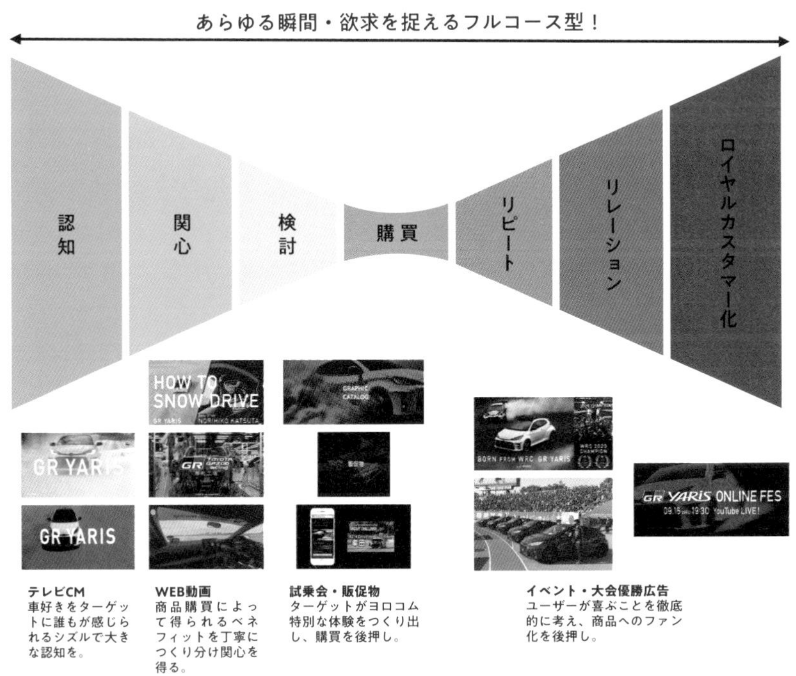


フルコース型の展開例

認知　トップファネル：テレビCM

## 一番みたい"走り"を感じられるシズルで大きな認知を図る

トップファネルの表現1

トップファネルのテレビCMでは、雪山やダート路など過酷な道をGR YARISが縦横無尽に走り回る映像を制作。車好きがこの車に期待していることは「WRCによって鍛えられた走り」であるという考えのもと、土や雪を豪快に巻き上げながらエンジン音を轟かせて走るGR YARISをシズル感を持って撮影した。

トップファネルの表現2

トップファネルのクリエイティブでは、ターゲットに広く商品が持つ魅力を伝える必要がある。そのため、細かな機能や特性を描くのではなく、五感で感じることができる「かっこよさ」「気持ちよさ」などを表現することに特化するのも有効な方法だ。そのために本CMでは、音楽や状況説明といった無駄な要素を一切廃し、車が走行する様子のみをビジュアルと音を最大限に活かして表現している。

関心　ミドルファネル：工場ムービー・ハウツームービー・VRムービー

# 商品によって得られるベネフィットを丁寧につくり分け関心を得る

関心を生み出すためのクリエイティブでは、人々が実際に商品を購入した際に得ることができるベネフィットや、その商品がどのような人に、どのような想いで作られているかをWEB動画として伝えた。開発者の想いを伝える工場ムービー、プロのラリードライバーによるドライビングのHOW TOムービー、さらには同乗体験をVRムービーにした3種類の映像は、それぞれYouTubeやオンラインイベントで配信された。
車のようにブランド・憧れで選ばれることが多い商材では、その商品の背景に存在するストーリーを丁寧に体験へと結びつけていくことで、顧客との距離を縮めることができる。

工場ムービー：生産工場と、開発者の方々が登場。つくり手がこの車に込めた思いを知ることができる。

HOW TOムービー：プロのラリードライバーが実際に雪道を走らせながら、さまざまなテクニックを解説する。

VRムービー：トヨタの社長でもあるレーサー、モリゾウさんとGR YARISに乗る気分が味わえるVR映像。

検討　ボトムファネル：試乗イベント・サッカチームコラボ

# 購買への後押し。商品の魅力を最大限に体感できる体験の「場」をつくる

GR YARIS の走りを特別な場所で体感できる、サーキットでの試乗体験。

スタジアムで車内からサッカーの試合を観戦できるチケットを販売。

試乗イベントにおいても当初のコンセプトが貫かれている。「走り好きにとっては、WRC発の車に一般的な道路ではなく、普段スポーツカーが走っている場所で乗れることが最も嬉しいのではないか」と考え、サーキット場で試乗を行うイベントを実施。魅力的な走りを特別な場所で体験することができる試乗会となった。さらにサッカーチームとコラボを行い、GR YARISの車内から試合を観戦できるチケットを販売。スポーツファンに向けて、スタジアムの中で車に乗り込んで観戦してもらうことで、GR YARISが特別に感じられる体験を提供した。

顧客と商品との距離がより近くなるボトムファネルでは、どのような形で商品を感じてもらうか、購買の後押しができるかが非常に重要である。そのためにはターゲットにとって嬉しい体験とは何かを捉えて、施策を設計する必要がある。

直接購買につながる検討ファネルにおいては、顧客が触れるすべての体験がブランドの印象を決定づけることになるのである。

購買後　WRC優勝広告・ファンミーティング

## オーナーが喜ぶことを徹底的に考え、商品へのファン化を後押し

購買後も顧客との関係を深めるために、オーナーが喜ぶことは何かを徹底的に考え、オーナーと共にWRCでの勝利を祝い、嬉しさを共有するメッセージの発信や、普段は見られない裏側を知ることができるイベントなどを実施した。購買後の施策では、人々が商品・ブランドに対して抱いている期待や信頼を裏切らない形で、さらに愛着が持てるようになる体験をつくり出すことが大切となる。

GR YARISがWRCで優勝を飾った際に記念広告を制作。優勝を受けて高まるファンの気持ちをさらに盛り上げげた。購買後だけではなく、同時に認知としての役割も果たしている。

レースの裏側や、開発にまつわるエピソードなどを知ることができるオンラインイベントを開催。商品が持つ背景までを好きになってもらうことでファン化を促す。購買前の人々の関心を生み出す役割も果たしている。

〈フルコース型のまとめ〉

あらゆる体験において、顧客が一番喜ぶコアとなる価値を軸に設計すること。顧客が何を見たいのか、何を知りたいのか、に応える体験を用意することで、イメージがブレることなく顧客に伝わり、ファン化へとつながっていく。

## 魔法の道具「ロケットチャート」

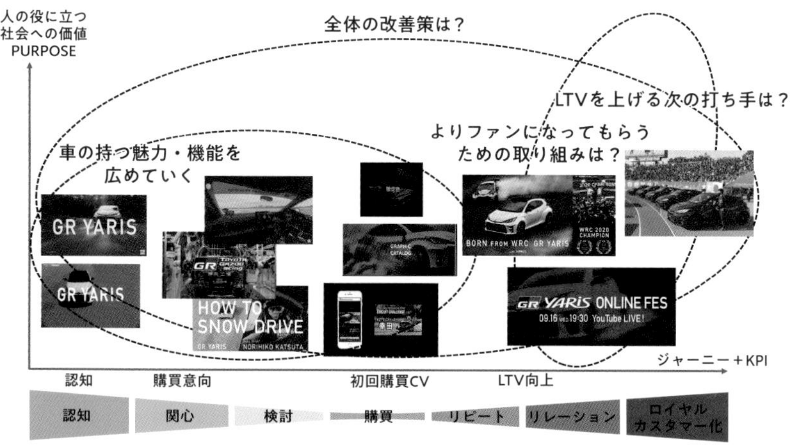


ロケットチャートの例

ロケットチャートについて

横軸にデュアルファネル®、縦軸にパーパス(人の役に立つ社会への価値)を置いて各体験を並べるのがロケットチャートだ。キャンペーン全体を俯瞰的にみることができるので、足りていない体験を把握できたり、今後の施策展開をプランニングすることがわかりやすくなる。

横軸と縦軸のチェックポイント

横軸：その顧客は、どんなタイミングで、どんな気持ちに応えるCXクリエイティブに触れたら、ロイヤルカスタマーになっていってくれるか？

縦軸：その企業やブランドは、顧客にどのような価値を提供したら、長く愛されていくだろうか？

9-3

# スタンダードな定食型：その1

## 飲食品／アクエリアス（日本コカ・コーラ）

日常的に購入する飲食品・生活用品では店頭で手にとってもらうためにいかにイメージを残しておくかが大切。だから、ファネル左側の「認知」「関心」「検討」の３つに重点を置き、購買までの体験をストレートにつくりあげていく。これを「スタンダードな定食型」と名付ける。

〈事例の概要〉

アクエリアスは、1983年から販売されているスポーツドリンク。クラスターを一年中アクエリアスを飲む「スポーツ層」と熱中症対策として夏だけ飲用する「夏だけ層」の2つに分けて、全体のコミュニケーションを設計。それぞれ認知させるテレビCMと、ターゲットがセグメントできるWEB・SNSでは飲むことのベネフィットを自分ごと化させる動画を制作した。検討ファネルでは店頭でのPOPだけでなく、運動から自販機までの導線をつくり出すアプリも活用した。

身近な商品はファネルの左側
認知・関心・検討の３つに重点を置いた定食型！

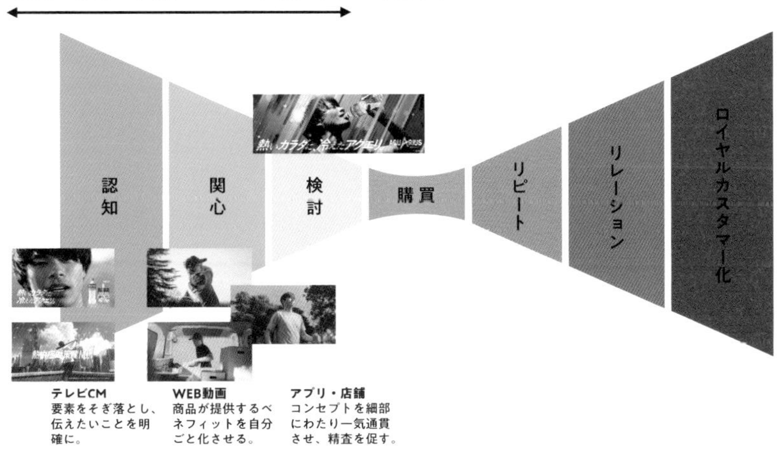


スタンダードな定食型の展開例１

認知　トップファネル：テレビCM

# 要素を削ぎ落とし、伝えたいことを明確に

トップファネルのテレビCMでは、前述のクラスタに合わせて大きく2つの動画を制作。

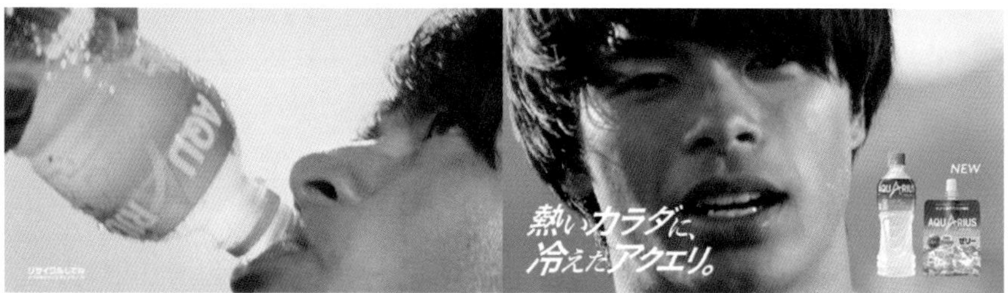


スポーツ層：「スポーツ後にアクエリアスを飲むと、熱い体に染み渡って最高においしい」ということを最も魅力的に伝えるために、川崎フロンターレ（当時）の三笘選手が「アクエリアスをとにかく気持ちよさそうに飲んでいる」ことにフォーカスした映像を制作した。

夏だけ層：アクエリアスは、熱中症対策としてのスポーツドリンクで売上が1位の飲料。ロサンゼルス・エンゼルスの大谷翔平選手を起用し、「熱中症対策飲料売上 No.1 ＊熱中症対策飲料市場における 2019 年度のブランド別売上実績（TPC マーケティングリサーチ㈱調べ）」というファクトをストレートに伝えるための映像を制作した。

トップファネルにおいて大事なことは、「コアアイデアを決めたら、とにかくそれだけを残す」こと。商品にはさまざまなベネフィットがあり、伝えたいことをたくさん盛り込みたくなってしまうが、情報が増えてしまうほど受け手にはわかりにくいものになってしまう。

関心　ミドルファネル：WEB動画

# 商品が提供するベネフィットを自分ごと化させる

ミドルファネルのWEB動画では、スポーツに対するモチベーションを軸に、「スポーツ層」からさらに詳細なクラスターを分析・設定した。ゴルフ・テニスなどスポーツを好んで楽しむ「アスレチックスポーツ層」、ウォーキングやランニングなど健康維持のために体を動かしている「コンディショニングスポーツ層」。それに加えて、毎日体を動かして働く人々である「ワークタイム層」に向けた映像も制作。YouTubeやTwitterなどで展開を行なった。

アスレチックスポーツ層

コンディショニングスポーツ層

ワークタイム層

ミドルファネルは、テレビCMよりも情報として顧客に一歩近づける。だからこそ、ターゲットの気持ち、求めることに寄り添い、それぞれが商品を使用するシチュエーションに基づいたアウトプットを制作することで、「この商品はあなた向けのものですよ」と受け手に感じてもらうことが大切だ。

検討　ボトムファネル：Coke ON アプリ・店頭POP

# コンセプトを細部にわたるまで一気通貫させ、購買を促す

店頭に設置するPOPも、トップファネルからのコンセプトを一気通貫して制作されている。

ランナーを応援するブランドとして、自販機でもメッセージを発信。日々ランニングを継続するランナーのために、Coke ON（ドリンクを買うとスタンプが貯まるアプリ）を用いて、ランニングを行うとアクエリアスと交換可能なチケットが当たるキャンペーンを行なった。

日々使う商品はライバル商品が隣に置いてあることも多く、ターゲットに間違いなくその商品を手に取ってもらうため、店頭や自動販売機など、直接購買へと結びつくコンタクトポイントでの導線設計もとても重要になってくる。「スポーツ後に飲むアクエリアスのおいしさ、気持ちよさ」を具体的に想起させることで購買へと導いている。

9-4

# スタンダードな定食型：その2

## 生活用品／メリット（花王）

〈事例の概要〉

スタンダードな定食型をもう一例、紹介しよう。メリットは1970年から販売されている花王のヘアケア製品。主に子どもを持つ母親をターゲットにしている。認知ファネルではシーズンに合わせて2種類のテレビCMを制作。同時にTwitterも活用した。関心ファネルではプラットフォームが持つトーンに合わせた動画で商品特性を説明。検討ファネルとなる店頭では商品のベネフィットが直感的に伝わる表現で購買の後押しを図った。

身近な商品はファネルの左側、
認知・関心・検討の3つに重点を置いた定食型！

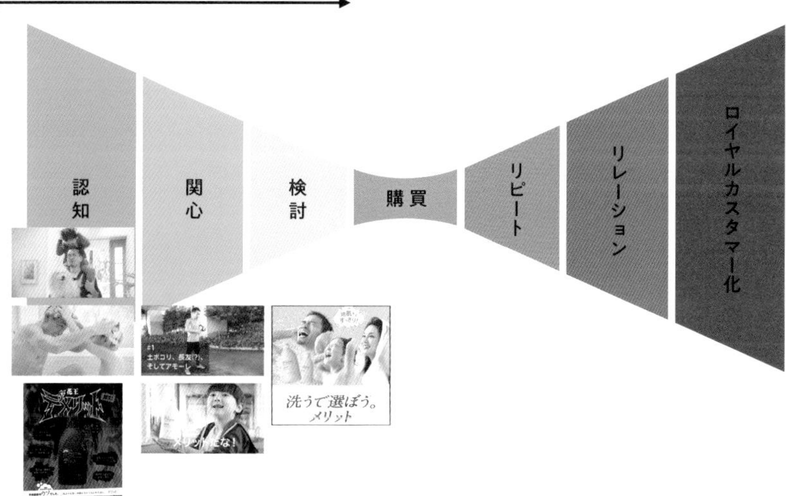


**テレビCM**
シンプルでわかりやすい表現を心がける。

**SNS**
スルーされないためのフックをつくる。

**WEB動画**
隙のある表現で人々の関心を惹きつける。

**店舗グラフィック**
商品を使ったときの気持ちよさをストレートに表現。

スタンダードな定食型の展開例2

認知　トップファネル：テレビCM

## 店頭などで選ぶ基準をはっきりさせるシンプルなメッセージ

子どもを持つ母親をターゲットにしているため、実際の夫婦で子どもを持つ長友佑都＆平愛梨夫妻を起用。成分や機能などの細部ではなく、シャンプーの本質である汚れを落とす効果を「洗うで選ぼう。」というコンセプトで商品を選ぶ際の明確な判断基準を伝えている。

春用の汚れは花粉やホコリ

→

夏用の汚れは汗

商品で汚れを気持ちよく洗い流す

テレビCMは春／夏用の2種類が制作され、春は花粉・ホコリを、夏は汗をメリットで洗い流すというストーリーで構成。この事例でも機能など細かい部分を描写するのではなく、商品を使用する気持ちよさが直感的に伝わる映像が制作されている。

毎日使う商品は、人々に安心感を与えることが大切。突飛なことをするのではなく、商品が持つベネフィットをシンプルにわかりやすく伝える表現が効果的だ。

認知　トップファネル：SNS（Twitter）

# 話題性のあるクリエイティブでスルーされないようにする

架空の商品（左）やオリジナルのポーズ（右）によりフックをつくる

SNSで話題を広げるためにはスルーされないためのフックをつくることが重要となる。

Twitterにおいて興味をそそる文脈でブランドに触れる認知施策として行われたのがエイプリルフールに「デメリット」という架空の商品の写真を投稿するというもの。

さらに「髪」という漢字に「長友」という言葉が含まれていることからオリジナルのポーズをつくり、サッカーボールのプレゼントキャンペーンなども行った。Twitterは拡散力の高いプラットフォームであるため、新たな認知の獲得に向いたSNSであるといえる。

関心　ミドルファネル：WEB動画

# 隙のある表現で人々の関心を惹きつける

普段からシャンプーやヘアケアについて考えている人は多くはないかもしれない。だからこそ、チャーミングな表現にそっとブランドの価値を忍ばせることで受け入れてもらう手法も有効だ。
メリットでは、WEB動画として長友選手のものまねタレントを起用してメリットの商品特長を伝える動画を作成。YouTubeやTwitterで配信を行なった。デジタル上ではあえて隙のある表現で突っ込みどころ、面白さをつくることで、人々の関心を惹きつけ話題を生み出すのも効果的だ。

ものまねタレントを起用した隙のある表現（左）で話題を生み出す

検討 ボトムファネル：店頭グラフィック

## 商品を使ったときの気持ちよさをストレートに表現

店頭における広告は、人々の目に留まる時間はほんの一瞬。そのため、パッと見ただけでその商品を使ったときのベネフィットを想起させる表現が必要となる。

地肌まですっきり！
洗うで選ぼう。
メリット


地肌・髪を洗ったときの気持ち良さがストレートに伝わるビジュアルとコピーを使用することで、購買への最後の一押しへとつなげている。

〈スタンダードな定食型のまとめ〉

飲食品や生活用品のCXクリエイティブにおいては、トップファネルから購買直前のボトムファネルにおいて、「この商品を使うことで、自分にどんないいことがあるのか？」「そのブランドはどんな存在か？」を見せる必要がある。競合商品が並ぶ中で、しっかりとしたイメージを残すことが、店頭での想起・購買へとつながっていく。もちろんあらゆる接点でメッセージを一貫させることは、フルコース型同様に重要だ。

9-5

# 華麗な一品料理型

## アーティスト・コンテンツ／L'Arc～en～Ciel 30周年新聞広告（ソニー・ミュージックレーベルズ）

〈事例の概要〉

すでにファンを多数抱えるアーティストやコンテンツから、どのような体験を届けられるか？　L'Arc～en～Cielのデビュー30周年を記念し、「コロナ禍の社会を元気付けられるような、人々が上を向ける広告をつくってほしい」というミッションのもと、ファンを起点に「ロイヤルカスタマー化」と「認知」というデュアルファネル®の両端を同時に実現するために、ひとつの強力なコンテンツ、いわばとびきりの一品料理をつくった。アーティストのバックボーンを知っている人々に深く刺さるメッセージを用意し、共感したファンがSNS上にたくさんの投稿をすることで、ファン以外の人々にも認知を生み出した事例だ。

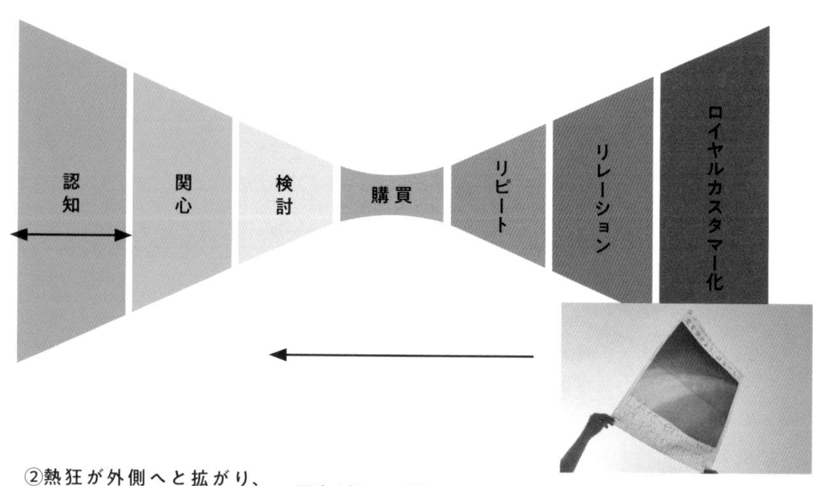

認知
関心
検討
購買
リピート
リレーション
ロイヤルカスタマー化
②熱狂が外側へと拡がり、ファン以外の新たな認知を生み出す。
写真を撮り、拡散したくなる仕掛けを持つ新聞広告。
①ファンに寄り添い、熱狂を生み出す強力な一品。

華麗な一品料理型の展開例

ロイヤルカスタマー化

# ロイヤルカスタマーを起点に、社会にメッセージを。新たな認知を生み出す

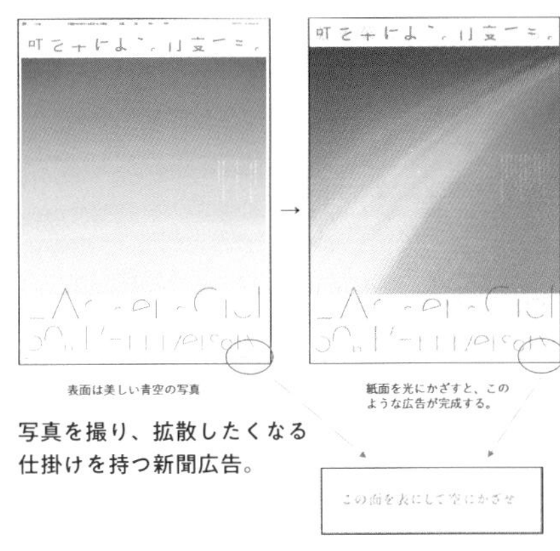

表面は美しい青空の写真

紙面を光にかざすと、このような広告が完成する。

右下に書かれた行動を促すためのコピー。

写真を撮り、拡散したくなる仕掛けを持つ新聞広告。

時代の空気を読み、少しでもポジティブな気持ちになってもらいたいというアーティストの想いに応えるために生み出されたのは、なんと新聞の表と裏を使った特別な体験。若者と新聞というと距離があるように感じるかもしれないが、新聞からSNSの拡散へとつなげる手法はCX設計の潮流のひとつ。テレビCMやOOHと違い、新聞はそれを手にした人が好きな場所で好きなように写真を撮ることができるため、人々が持つ「SNSで何かを発信したい」という欲望を刺激することができる。SNSが大きな力を持つようになって、新聞の使い方が進化した形だ。さらに人々が所有できる新聞はグッズのような役割を果たすため、多数のファンを抱えるアーティスト・コンテンツを盛り上げるには適したメディアとも言える。表面には青空が、裏面には虹が印刷されており、光にかざすと青空に虹がかかる仕掛けになっている。キャッチコピーやボディコピーなどの文字要素も、透かすことで初めて完成する仕組み。紙面の右下に「この面を表にして空にかざせ」という文言が入れられており、新聞を手にした人に行動を促した。

認知

## 世の中の気分をとらえたメッセージでファンの外側へ届ける

虹を架けよう。何度でも。

世の中の気分をとらえたコピー

新聞を光にかざすことで紙面の空に虹が架かり「虹を架けよう。何度でも。」というコピーが現れる。前向きなメッセージが不安定な世の中とリンクしたことで、大きな反響を呼んだ。バンド名はフランス語で「虹」を意味し、この「虹」という作品はL'Arc～en～Cielの代表曲。ファンには再起をテーマとした曲として有名であり、特別な想いと共にそのメッセージが伝わった。

時代にリンクした普遍的なコピーによって、ファン以外の人々の心を動かして広い認知を生み出している。

ロイヤルカスタマー化

## ファンだけに伝わる要素も大切に

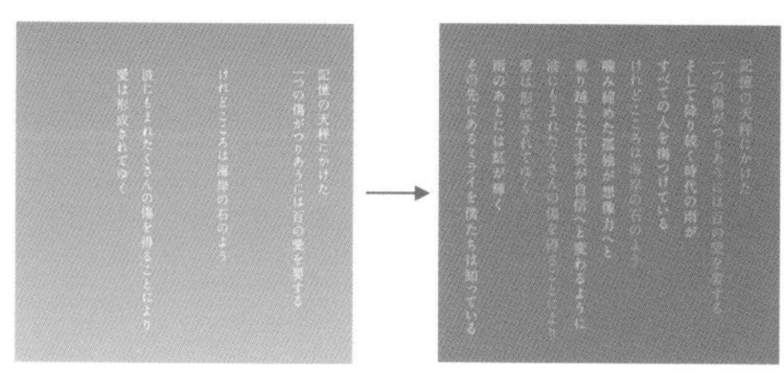


ボディコピーとして使用された「虹」の歌詞。
かざすことで新たな言葉が加わり、解釈が変化する仕掛け。

浮かび上がる新たな言葉によって「L'Arc～en～Cielがこのメッセージを出す理由」がより明確に。ファンだから知っているアーティストのバックボーンと、広告におけるメッセージを合致させることで、さらに熱狂を生み（＝ロイヤルカスタマー化）深い共感を獲得した。

〈華麗な一品料理のまとめ〉

ファン層・それ以外の人々、それぞれに深く刺さる要素を用意したことで、本施策は新聞広告のみで多くの反響を生み、2日間で約1222万人にリーチ。その2日間で普段の1ヶ月分のツイートが行われた。

ファンから火がつき、広告のメッセージがその外側の層にも広く届いた好例といえる。

SNSでの好評を受け、CDの特典としてクリアファイルにもデザインが使用された。

アーティスト・アニメ・ゲームなど、すでにファンを多数抱えているものを盛り上げる際には、そのコアとなるフィロソフィーやメッセージと世の中との接点をうまくすくい上げ、言葉にすることが重要だ。ファンに深く刺さるクリエイティブによって、熱狂がそのまま外側へと広がっていく起爆剤になる。そうすることでファン以外の人々にも広く届く体験をつくることができる。

9-6

# キャラクターを用いた万能調味料型

コンタクトポイントもターゲットもさまざまな商材／
Ponta（ロイヤリティ マーケティング）

SPICE
CX

〈事例の概要〉

CXの世界では、日々新しいレシピが開発されている。ここから先は、ちょっと変わったアプローチで設計された事例を紹介しよう。

Pontaは、全国の提携店舗で使うことができる共通ポイントサービス。アプリなどを提示することでポイントがたまる、つかえるサービスでは、あらゆる人に、あらゆる場所で思い出してもらって、使ってほしい。そんなときに有効な型が、一目見ただけでそのサービスとわかる記号として、「キャラクター」を用いる手法だ。キャラクターをコミュニケーションに活用することで、すべてのファネルにおいて一気通貫でき、柔軟にアウトプットをつくることができる。まさに万能調味料を真ん中に置くことで人々の商品理解を愛着を持って深めることができる。

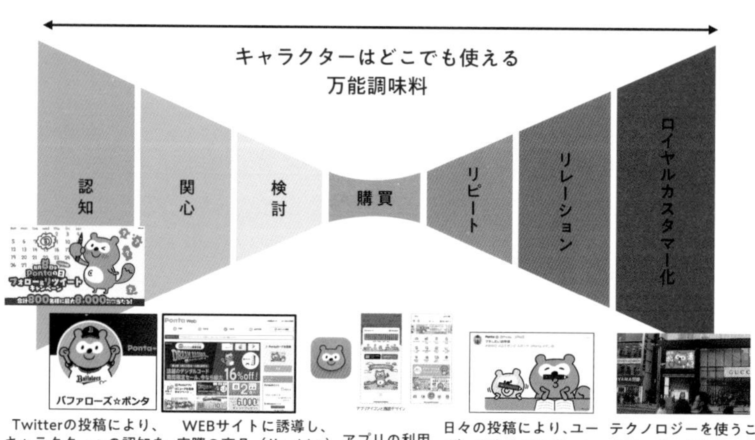
キャラクターはどこでも使える
万能調味料
認知
関心
検討
購買
リピート
リレーション
ロイヤルカスタマー化
バファローズ☆ポンタ
Twitterの投稿により、キャラクターへの認知を生み出す。
WEBサイトに誘導し、実際の商品（サービス）の説明・利用を促す。
アプリの利用
日々の投稿により、ユーザーのキャラクターへの愛着を深める。
テクノロジーを使うことで、キャラクターを常に新鮮に見せる。

キャラクターを用いた万能調味料型の展開例

認知

## キャラクターを活用することで柔軟なCXクリエイティブが実現可能に

「ポイントがポンポンたまる」がネーミングの由来。そこからサービス名と同じ名前のキャラクターがつくり出されている。

キャラクターは一度制作すれば、タレント起用とは違い、スケジュールや予算などの制約が少なくなる利点がある。さまざまなタッチポイントで多くのアウトプットをつくり出すCXクリエイティブに柔軟に対応できる。さらに、キャラクターは商品そのものよりもファンになってもらいやすいので、キャラクターを育てていくことで、ロイヤル化へと導くボトムファネルにおいても高い効果を発揮する。

Twitterでの展開

認知

## キャラクターが持つ人格を大切にして、人々に愛される存在に

キャラクターを生み出すときは、商品の名前やサービスなどをヒントにすると、覚えやすく、キャラクターが愛される＝商品が愛されやすくなる。デュアルファネル®設計では、「そのキャラクターは人々にどのような存在として認知されているか」を理解してコンテンツを制作することが重要である。キャラクターの人格を捉え、ファンの期待を裏切らない運用を行うことでキャラクターがまるで生きた存在として人々の生活に入り込み、愛される存在へと育っていく。

認知

## キャラならではの多面的な展開で外側に広げて新たな認知を作り出す

ポンタには、通常のアカウントに加えて「バファローズ☆ポンタ」「グランパスポンタ」といったTwitterアカウントが存在する。それぞれ「オリックス・バファローズ」「名古屋グランパス」の応援キャラクターであり、アカウントでは主に試合の状況に合わせた投稿などを行っている。そうすることで、ポンタに関心のなかったスポーツファンの認知を獲得することができ、さらにサービスの利用・ファン化といった部分までつなげることができる。タレントではなく、より企業に近しいキャラクターならではの活用方法であるといえる。

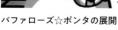

バファローズ☆ポンタの展開

認知　ロイヤルカスタマー化

# 最新テクノロジーと掛け合わせてキャラクターを新鮮に見せる

ポンタはSNSの他にも、テクノロジーを用いた施策を実施している。「キャラトーカー」は、演者の表情をキャラクターに変換して遠隔地の人々とコミュニケーションができるアバターアプリ。このテクノロジーを活用して、新宿・池袋などでポンタが街中の通行人にリアルタイムで直接話しかけるOOHを実施した。

OOH での展開

画面の前にいる人に呼びかけたり、じゃんけんをしたり、ライブ収録ならではのコミュニケーションを行なった。結果、ファンだけでなく多くの通行人がスマホで撮影し、Twitterへと投稿する姿が見られた。テクノロジーを利用することによって、キャラクターを新鮮なものとして人々に認知させ、体験を通じて愛着を持ってもらうことができる。

ロイヤルカスタマー化

## ファン同士で盛り上がることができるコンテンツの提供

ユーザーがポンタの顔をもとにオリジナルのアイコンをつくることができる「ポンタアイコンメーカー」を開発。ここで作成したアイコンをユーザーが用いることで、自分がポンタのファンであることを発信することができ、それぞれに見た目が異なるためファン同士で盛り上がることができる。このように、コミュニティ内で自走する仕組みをつくり出すことで新規ファン獲得・ロイヤルカスタマー化を促進することができる。

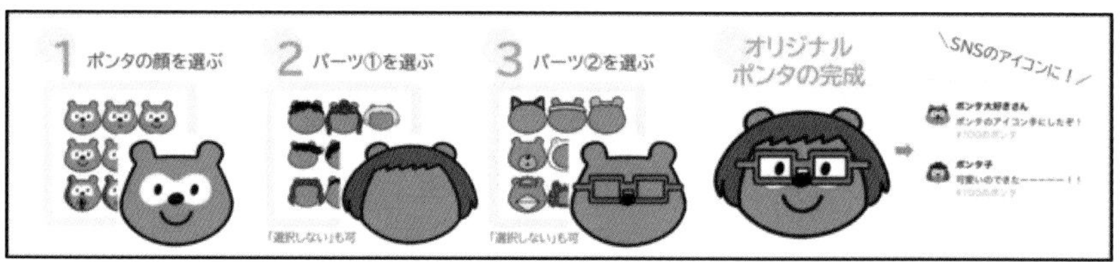


ポンタアイコンメーカー

〈万能調味料型のまとめ〉
ポイントサービスなどのCXクリエイティブを設計するとき、キャラクターを用いることで権利や時間などの制約を抑えながら、さまざまなメディア、いろいろなアウトプットを柔軟に展開することが可能になる。さらにそれぞれのファネルをまたいでの、トーンの管理を容易に行うことができるというメリットもある。大切なのは、各ファネルにおいてキャラクターが持つ世界観を統一し、ファンが求めている人格を外れない形でコンテンツを制作することだ。

9-7

# いろいろ試せる試食会型

## 常連客を育てる／クレ・ド・ポー ボーテ（資生堂）

〈事例の概要〉

顧客をロイヤルカスタマーへと導くには、商品やブランドを好きになってもらう体験を丁寧に設計する必要がある。それには、より深いブランドへの理解と実際に商品を使ってもらうことが一番。化粧品ブランドのクレ・ド・ポー ボーテ（Clé de Peau Beauté）は、既存ユーザーをターゲットに、リバースファネルに重点を置いた施策を行った。

美容部員・モデル・インフルエンサーなどを起用し、オンラインイベントを実施。商品についてのトークイベントや、サンプルを配ってメイクのレクチャーなど、商品を実際に体験する、まさに試食会のような場をつくり、購入者のファン化を計った。

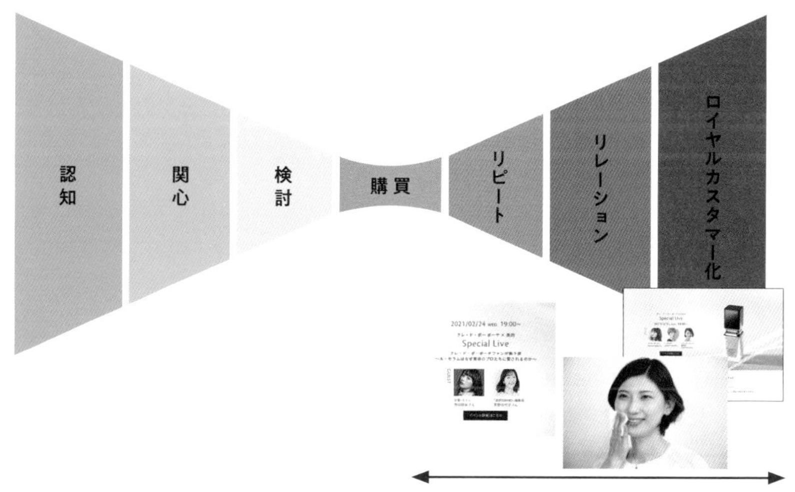
認知
関心
検討
購買
リピート
リレーション
ロイヤルカスタマー化
2021/02/24 wed. 19:00~
Special Live
主に購入者へ向けて、商品が持つ価値を体感できるオンラインイベントを実施。購買後の贅沢な体験を通じてファン化を目指した

いろいろ試せる試食会型の展開例

クレ・ド・ポー ボーテは、1982年に日本で誕生した資生堂のラグジュアリーブランドだ。「肌細胞サイエンス」をコンセプトに、肌を徹底的に科学して開発された化粧品の数々がラインナップされている。コロナにより、店舗を通じての新しい顧客との出会いが減ってしまったため、すでにいる顧客との関係性を深める方向→ロイヤルカスタマー化へとシフトした。調査の結果、クレ・ド・ポー ボーテの顧客は家族・知人・美容部員などの信頼できる「人」を通して、理解を深め共感し、商品のロイヤルカスタマーへと成長していることが判明。そこで、本施策では人を通じて商品が持つストーリーを伝えるオンラインイベントを実施した。

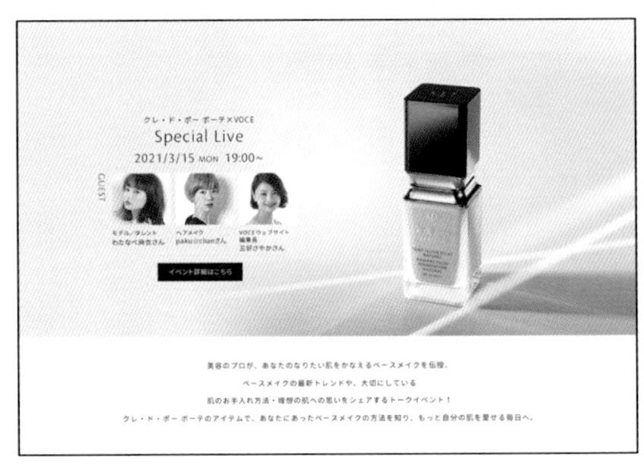

オンラインイベントの実施

**リレーション&ロイヤルカスタマー化**

## 商品が持つストーリーを伝えることで、「なぜその商品を選ぶのか」を明確に

オンラインイベントの内容は主に「観覧型」と「体験型」の2つ。「観覧型」では、著名な美容家やタレントが、商品について話すトークイベントを実施。さらにチャットを解放し、観覧者同士でコミュニケーションを行うことができる場所をつくった。このように視聴者自身も一体となって参加できる場をつくることで、ブランドのユーザーが抱いている印象も同時に共有され、商品への信頼度をより強固なものにした。

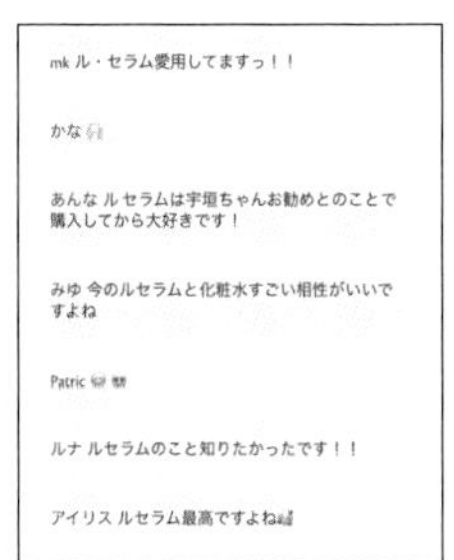


「観覧型」（左）と「体験型」（右）のオンラインイベントを実施

「体験型」では、カリスマ美容部員による商品を用いたビューティーレッスンを実施。サンプル応募を行い、「使いながらレクチャーを受けられる」という特別な体験を用意することで、新たなユーザーを増やした。このように信頼のおける人から直接商品の持つストーリーを知り、実際に体験することでロイヤリティを高めることができる。価格帯の高いラグジュアリーブランドでは、その商品をなぜ使う必要があるのか、を鮮明にイメージさせることが大切である。商品・ブランドが持つ背景までその理由になっていると、顧客が生涯を通じて使用してくれるロイヤルカスタマーになってくれる可能性を高めることができる。

リピート＆ロイヤルカスタマー化

## 告知時期に合わせてメディアを使い分け、効果的にイベントへの導線を設計する

オリジナルのオンライン会場でイベントを開催する際、課題となるのが導線の設計だ。本事例では、アプリやLINEなど日常的・継続的にユーザーとつながることができる導線を活用している。このような導線は、顧客とブランドの距離が近いために誘引へと結びつきやすい。顧客との直接的なつながりをどのように生み出しておくかが、これからのCX設計においては重要になってくる。

LINE　　ブランドアプリ

告知時期に応じてメディアを使い分ける

さらにイベントのほとんどが美容系の雑誌とのタイアップとして企画されているため、メディアが持つSNSやWEB、その他登壇者のSNS上などからも告知が行われている。イベントへの誘引においては、1ヶ月～1週間前といった事前告知だけでなく、1日前に行う直前告知も非常に大切である。特性として、前者はバナーなど広告、後者はオウンドメディアが向いているという特徴があり、情報を出す時期によっても媒体を正しく使い分ける必要がある。

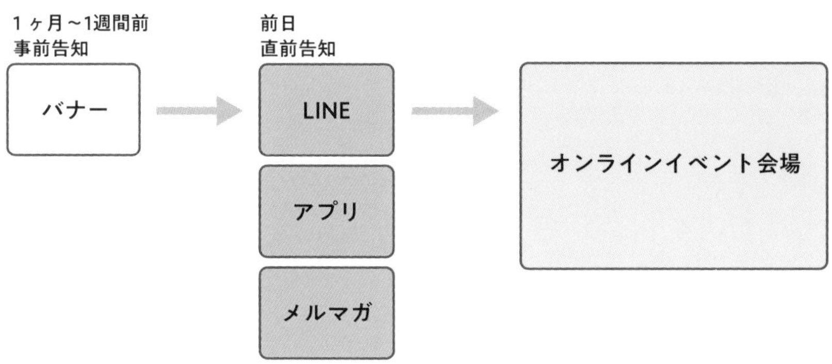


オンラインイベント会場までの動線を設計

ロイヤルカスタマー化

## アーカイブによって<br>イベント終了後にも追体験ができるように

動画をアーカイブとして残したり、イベントの内容を雑誌にWEBで記事化してもらうことで、当日参加できなかった顧客や新たな顧客への追体験にすることができる。特にアーカイブに関しては、視聴することで、そこから別イベントへの参加やオウンドメディアへのアクセスを促すなど、よりブランドについて理解するための非常に大切な要素となる。できるだけ長い期間、短い導線でアーカイブが視聴可能になるような設計を行うことが重要だ。

イベント動画をアーカイブとして残す（アーカイブは21年3月時点）

〈試食会型のまとめ〉

顧客のロイヤルカスタマー化を目指すとき、すでに商品を愛用してくれている顧客に届けるクリエイティブをつくる上では、ブランド全体が持つ理念や思想を正しい形で好きになってもらう必要がある。そのためには、ファンがそのブランドや商品のどのような部分が好きなのかをしっかりと把握し、それに沿ったコンテンツを提供する必要がある。たとえばTwitter上で漫画やクイズがはやっているからといって、どのような商品でもそのようなコンテンツをつくればいいというわけではない。人々が商品に抱いている「ここが好き」を突いたクリエイティブを適切な形で制作する必要がある。試食会の型は、他にもコーヒーやお酒などの嗜好品やサプリなどの栄養補助食品など「毎日使う質のいい商品」のコミュニケーションに有効だ。

9-8

# 人気店のデパ地下出店型

## ファンが集う新たな場の創出／「そうだ 京都、行こう。」Instagramアカウント（JR東海）

DEPA-CHIKA

〈事例の概要〉

長年続いているキャンペーンの、新たな世代への認知を高めたい。そんな課題に応えたのが、JR東海「そうだ 京都、行こう。」シリーズだ。
現代の若者が旅とどのように向き合っているか、何に喜びを感じるのかを深掘りし、体験設計を進めていった。結果として、Instagramを起点としたコミュニケーションを展開。
これまでのテレビCMを本店とすると、Instagramに支店を開いた形だ。

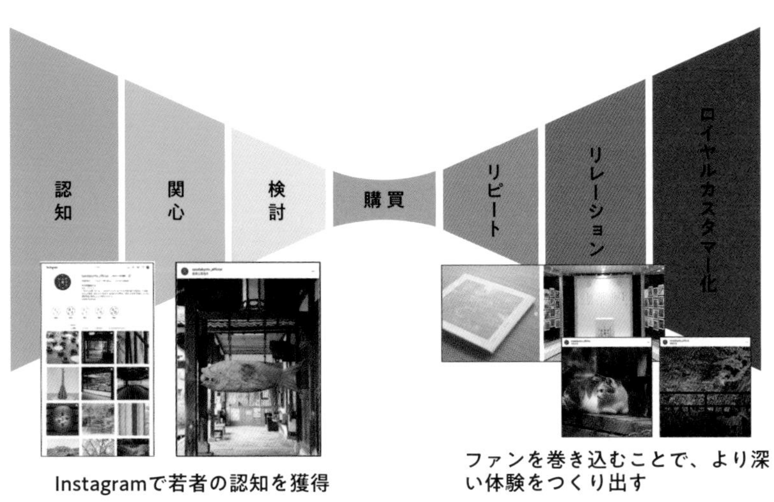
認知
関心
検討
購買
リピート
リレーション
ロイヤルカスタマー化
Instagramで若者の認知を獲得
ファンを巻き込むことで、より深い体験をつくり出す
マスとは異なる層へ向けて
認知からロイヤルカスタマー化への流れをつくり出す

人気店のデパ地下出店型の展開例

認知・関心

# 変化する旅の目的に合わせ、提供するコンテンツを最適化する

「そうだ 京都、行こう。」は1993年から実施されている、京都への観光誘致を促進するためのキャンペーン。CMやポスターなどで京都の風景を魅力的に紹介している。
若い世代にデジタル上で「そうだ 京都、行こう。」キャンペーンを再ローンチする上で、現代の若者が旅とどのように向き合っているかを考えた。
情報接触行動がデジタル中心へとシフトしている若者にとっては、京都への旅の目的が「自己主張」に変化している傾向にある。誰もが知っている有名な観光地ではなく、自分だけの唯一無二を見つけ、多くの人へ向けて発信・共有する若者たち。そのような行動原理を前提として、Instagramで自分なりの視点で京都を知ることができるトリガーとなる発信を行っている。

29年間連綿と続く広告キャンペーンをInstagramアカウントに掲載

レシピ集

soudakyoto_official 382 魚の形をしている理由

中国出身の僧が、宇治に開いた禅宗・黄檗宗（おうばくしゅう）の大本山「萬福寺」。僧侶が食事をする「斎堂」の回廊には、木魚の原型とされる「開梆（かいぱん）」が吊られています。叩く音で法要や食事の時間を知らせるための法具だという開梆。中国における禅宗の規範書によると、魚の形には「眼を閉じることのない魚のように、寝る間を惜しんで修行に励みなさい」という意味があるとか。萬福寺の開梆は今も現役。毎日、「目が覚めるような音」を境内の隅々まで響かせているそうです。

知る人ぞ知るミクロな視点で投稿

たとえば、桜や紅葉といったわかりやすい風景だけでなく、知る人ぞ知るミクロな視点での京都の写真を投稿。さらに投稿文でその対象が持つ背景を丁寧に補足することで、ただ場所を紹介するだけにとどまらず、京都が持つ歴史的な深みを伝えている。若者のミクロな情報を見つけたい欲を満たすために、記事の部分まで能動的に読んでもらえる体験設計にした。ビジュアルを重視し、文字制限なく情報を伝えられることがInstagramを選んだ理由だ。

ロイヤルカスタマー化

## フォロワーを積極的に巻き込み、「みんなでつくるコンテンツ」へ

公式アカウントは、フォロワーと一緒になって作り上げていくという理念のもとで運用されており、投稿の1/4は一般の方々の写真を用いている。「#そうだ京都行こう」のハッシュタグをつけて投稿された写真により詳細な解説を加え、リポストを行うという形で発信している。

soudakyoto_official 221 京都の猫放し飼いのお話

京都の町を歩いていると、なんとなく猫が多いような……。檻で囲わずのびのびと動き回れる「放し飼い」、意外にも京都とゆかりがあるのだそうです。江戸時代初期、京都の町に「猫放し飼い令」というものが発布され、「猫を放し飼いにするように」と決められたといいます。これは当時増えていたネズミの害を抑えるためだったとか！室内飼いを推奨している現代と対照的です。京都の長い歴史のなかには、猫の活躍もあったんですね♪

さん、素敵なお写真ありがとうございました。

ユーザーの投稿を用いた写真集を制作

さらにファンサービスの一環としてユーザーの投稿を用いた写真集を制作。駅での写真展も開催した。フォロワーを巻き込むことでアカウントとの距離を縮め、ファン化へとつなげることができる。その結果、投稿された「#そうだ京都行こう」ハッシュタグの数は、アカウント開設前の4万件から200万件へと成長した。

認知・関心

## プラットフォームに最適化しながらも、マスが持つコンセプトは引き継ぐ

プラットフォームの特性を活かした運用を行う一方で、それぞれの投稿には本家の精神が引き継がれている。「そうだ 京都、行こう。」キャンペーンは、旅の擬似体験ができるように旅人の目線で描かれている。Instagramにおけるミクロな視点でもそのコンセプトは貫かれており、マス広告と地続きに見えるようになっている。メディアに合わせて柔軟に変化させつつも、「そうだ 京都、行こう。」キャンペーンとしてコンセプトをブレさせないことが重要だ。

ロイヤルカスタマー化

# SNSをきっかけに スポットを商品化

soudakyoto_official 【告知】
比叡山の麓にある浄土真宗の寺院「瑠璃光院」。通常は非公開ですが、春と秋に特別公開されます。
今回、1日150名限定で、瑠璃光院の夜間特別拝観を貸切でご覧いただけます。山肌が真っ赤に染まる紅葉の季節に、数寄屋造りの書院から眺める夜の庭園は、幻想的な世界が広がります。また、ご参加の皆様には「夜間特別拝観記念御朱印」（お一人様一枚/書き置き）を授与いたします。
八瀬のもみじの小径、比叡山への回遊も併せてお楽しみいただけるプラン、ぜひご参加ください。

［瑠璃光院　夜間特別拝観　八瀬もみじの小径ライトアップ］
・開催期間：2020年11月7日（土）、8日（日）、14日（土）～29日（日）、12月5日（土）、6日（日）計20日間
・瑠璃光院 拝観時間：19：00～20：30（最終受付20：00）
・旅行代金：おとな・こども おひとり様 7,000円（税込）
・定員：1日150名

SNSでの反響から観光スポットを満喫できるプランを商品化

Instagram上での投稿のみにとどまらず、SNS上で反響があった場所を「そうだ 京都、行こう。」発として商品化をする取り組みが行われた。SNSがきっかけとなり、JR東海が実施した形だ。たとえば、「瑠璃光院」という比叡山にある寺院の紅葉を、夜間特別拝観として貸切で満喫することができるプランを商品化。SNSからリアルへと導線が生まれることで、人々に京都の文化的な背景を実際に体験してもらい、街が持つ歴史と向き合う機会をつくり出している。

〈デパ地下出店型のまとめ〉
既存の広告キャンペーンを新たなターゲットに向けて展開する場合も、しっかりと人をみつめることが大切だ。その商品・ブランドがどのようなモチベーションで使われているのか？　それを満たす体験は何か？それを実現できる場はどこか？
一方で表現としては、既存のキャンペーンから「何を受け継ぎ、何を変えるか」を考えることが非常に大切である。そうすることで、それぞれのターゲットに愛されるコンテンツへと成長させることができる。

9-9

# パーパスを届けるショー型

## 企業の想いを伝える／つくっ手 たべ手 プロジェクト（フマキラー）

キャンペーン中
OFF

〈事例の概要〉

消費者がブランドが持つ思想で商品を選ぶようになり、企業のパーパスを発信する重要性がますます高まっている。そのパーパス、ブランドの想いを新たな体験とともに届けて成功した事例が、フマキラーの「つくっ手 たべ手 プロジェクト」だ。これまで「菌・ウイルスから家族の健康を守るもの」だったアルコール除菌剤の価値を、「食を通じて“人と人の関係性”をつなぎ、“リアルな体験”を後押しするもの」として拡張。自分の手で世界に触れることで、なにげない食事が特別な体験になる。そんな体験のきっかけをブランド発のアクションとして発信。子どもたちが素手で食材をとり、調理する様子を動画にまとめ、TwitterやLP・店頭施策としてキャンペーンを展開した。

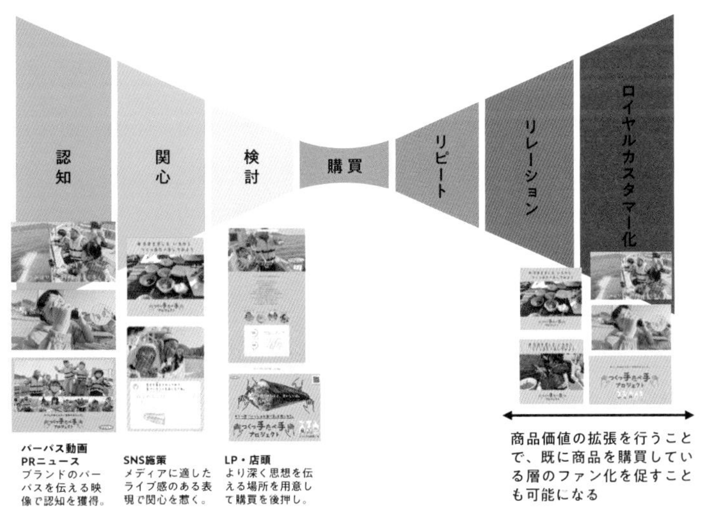
認知
関心
検討
購買
リピート
リレーション
ロイヤルカスタマー化
つくっ手たべ手プロジェクト
パーパス動画
PRニュース
ブランドのパーパスを伝える映像で認知を獲得。
SNS施策
メディアに適したライブ感のある表現で関心を惹く。
LP・店頭
より深く思想を伝える場所を用意して購買を後押し。
商品価値の拡張を行うことで、既に商品を購買している層のファン化を促すことも可能になる

パーパスを届けるショー型の展開例

レシピ集

フマキラーは展開するブランドのひとつとして、アルコール除菌剤・手指用消毒剤を製造販売している。新型コロナウイルスによって除菌・消毒・ウイルス対策の機運が高まり売上が上がったが、感染が落ち着いた後にも清潔・安全意識を維持するためにはどうすればよいかという課題から本キャンペーンは始まった。料理をつくる際に欠かせないアルコール除菌。除菌剤を使うと、手で食材に触れてご飯をつくり、手を使って食べることができる。そのようにして行う食事は特別な体験になるのではないか。そう考えたフマキラーが子どもたちの「素手でつくり、食べる」経験を応援するキャンペーンを実施した。

子どもたちが「素手でつくり、食べる」経験を応援するキャンペーンを実施

認知

## いいっぱなしにしないパーパス動画

認知の役割を果たすパーパス動画では、子どもたちが船に乗って魚をとり、手巻き寿司を作る一連の様子を歌に乗せた映像を制作。アルコール除菌剤・手指用の消毒剤を使って素手で料理をすることで、人と人とをつなぐ特別な体験が生まれることを伝えている。パーパスを伝えるクリエイティブを制作する上で重要なことは、企業がいいたいことをいうだけで終わ

らないようにすること。そこにきちんとエンターテインメント性を加えることで、一方通行にならずに人々に興味を持ってメッセージを受け取ってもらうことができる。

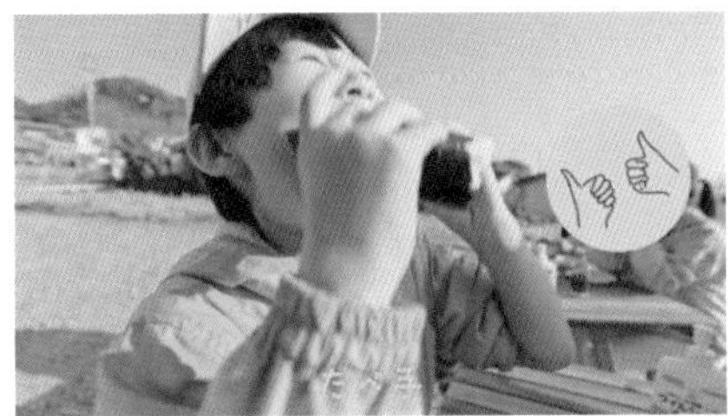

エンターテインメント性を備えたパーパス動画

生き物を料理するという生々しさから逃げずに、子どもたちが「食材捕獲—調理—食事」までを行う様子をありのままリアルに描くことでエンターテインメントをつくり出している。さらに子どもの教育・食育など社会課題の話を中心としたリリースを配信し、PRニュースとしても認知を獲得した。

関心

## プラットフォームが持つトーンに合わせたクリエイティブ

SNSでは、子どもたちがスマホを使って撮影した映像や、終了後に子どもたちが書いた感想文を用いたコンテンツを配信。プロのカメラマンが撮影した映像とは異なり、子どもたちが撮影したライブ感のある生っぽい映像でTwitterというプラットフォームが持つトーンにマッチさせている。彼らの視点から一連のアクションを描くことで、キャンペーン全体が企業の自己満足ではなく人々の生活に根ざしたものに見えるように設計されている。

検討

## より深い理解・共感を生み出すLP

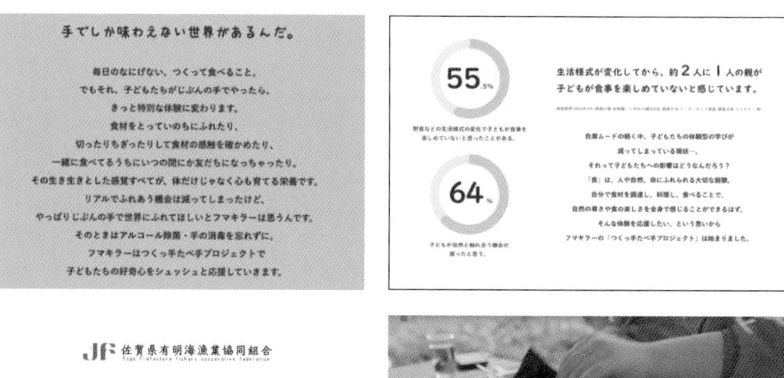

企業の想いやプロジェクトの意義を掲載したキャンペーンLP

キャンペーンのLPにはパーパス動画に加えて、企業の想いについてより詳細に書かれたメッセージや、データを用いてプロジェクトを行う意義や理由を掲載し、パーパスへのより深い理解・共感を生み出した。前者のメッセージは、新型コロナウイルス後の世界でもしっかりと除菌・消毒の大切さが感じられるように書かれている。後者のデータはキャンペーンを設計する上で独自調査したもので、プロジェクトの社会的意義を明確にすることでニュース化を図るという役割も果たした。このように、露出イメージから逆算してCXを設計することも重要になってくる。
さらにパーパスに賛同して、佐賀県有明海漁業協同組合がプロジェクトに協賛。映像やLPで佐賀のりを使用・紹介することで、キャンペーンを見た消費者自身が実際に手巻き寿司をつくりたくなる気持ちを後押しした。

リピート・ロイヤルカスタマー化

## 商品価値の拡張を行うことで、既存ユーザーのファン化も可能に

本キャンペーンは、それまで「菌・ウイルスから家族の健康を守るもの」だったアルコール除菌剤の価値を、「食を通じて“人と人の関係性”をつなぎ、“リアルな体験”を後押しするもの」、として拡張した。そうすることで、新規顧客だけではなく既存ユーザーに対しても商品の見え方を新たなものにするため、リピートやロイヤルカスタマー化までをも同時に達成することができる施策となっている。

キャンペーンの一こまを掲載したクリエイティブ

〈ショー型のまとめ〉

パーパスを発信する広告は、ともすればただの「正論」になってしまうことが多い。しかし、正しいだけでは人々には振り向いてもらえない。そこに楽しさやメリットを加えることで初めて企業の想いが伝わり、さらに購買へとつながるクリエイティブをつくることができる。ブランドからのメッセージに対する「ユーザーの強い共感・賛同」によって人々がアクションを起こし、そのアクションが継続していくことでブランドイメージが蓄積されていくのである。

その後
……という
体験を
してもらう
ためにも

こんな
サービスを
始めてみては
どうかと。

いいですね〜〜!
ウチのブランドの
良さをきっと
わかって
もらえそう。

成長
したなあ。

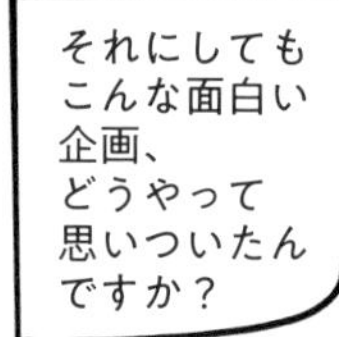

それにしても
こんな面白い
企画、
どうやって
思いついたん
ですか？

顔です！

料理と一緒で、
顔を思い浮かべるんです。
お客様が喜んでくれる
顔を。

なるほど。
ステキですね〜。
はい!!

ですよね。
CX シェフ……。

そう、大切なのはデータの奥にいる人の顔をみつめること。
いいシェフになったね。

ああ！来月からCX 担当 !! 何をすればいいか全然わかんない。
MENU

簡単ですよ。

料理に置きかえればいいんです。

Fin
カラン

おわりに

# あるCXクリエイティブ体験

先日休暇で訪れた、スペインでのことです。
マドリッドのプラド美術館には何百年と色褪せない名画たちが手が届く距離で光を放ち、魚介の香りがするスペイン料理はどこかアジア人に馴染みがあり、サングリアを片手にカンテラの少年たちのサッカーをみつめながら談笑する親たちは、今日も昼寝から覚めて、サッカー場にふらっと顔を出している。

帰国してからまるでスペインの大使館員のように宣伝しているのは、スペインが、私を顧客として迎え入れ、体験をさせ、その体験から生まれた価値。
それが人に伝えたくなる価値であったからです。

もしもスペインという国が、私という人をみつめて、分析・研究し、どんな体験をしてもらい、どんな気持ちになってもらい、どんな関係を築いてもらおうか？　そんなことを計画しながら顧客体験をデザインしていたとしたら。大成功です。

レンタカーを借りたとき。カーナビはどうせスペイン語だからスマホのGoogleMAPを頼りにしようなんて決めていましたが、いざ車内に入ると、瞬時にナビ画面とスマホが相互リンクし、日本語のGoogleMAPを表示しました。
レストランでわからないメニューがあれば、タイプすることなくGoogleレンズをかざせば全部翻訳してくれる。どうしても海外の人のウケを狙いたいシチュエーションが急遽訪れれば、音声翻訳でスペイン語を再生し、冗談を伝える。
海外旅行に最も必要なのは、未だにパスポートであることに変わりはありませんが、その次に必要なのは、語学力ではなく、スマホであると確信しました。
一方で、行き過ぎたサービスがお節介になることも。旅行中ずっとスペイン企業のスペイン語の広告が表示されていました。改善の余地、のびしろがまだまだありそうです。

旅をひとつとっても、CXという視点から捉えることで、人を真ん中に、事業、商品、サービス、コミュニケーションまで全体を俯瞰でみながら、顧客が体験するあらゆる接点をクリエイティブする。料理する。その結果、新たな価値が生まれる。ファンが生まれる。
随分とクリエイティブのやることが増えてきたようにも思えますが、その分クリエイターがかかわれる裾野も、可能性も広がっています。

## CXは何から手をつけたらいいかわからない

いま、多種多様なCXクリエイティブが生まれています。サービスそのものを開発したり、商品そのものを開発したり、あるいはコンテンツそのものを開発したり。そう聞くと、あまりに多種多様で何から手をつけたらいいかわからない、と不安に感じている方がいるかと思います。

でも、大丈夫です。たとえば、一度ある特定のキーワードで検索するとこれ見よがしに追跡してくるバナー広告。「もうほっといて」と思うこともありますよね。それが仕事の関係で検索したテーマの広告だったりすると、温もりもなしに何度も提示されると嫌になります。
このような感情は、なぜ生まれるのか。それは、その広告が人を中心に据えたものではなく、効率を中心に考えているから。本来便利であるはずの追跡型の広告も、人が人を中心に考え、味付けしないとまずいものになってしまうことがあるのです。
つまり、日常のちょっとした不満に気づき、状況を改善したいという人の気持ちに応えること、そこにCXクリエイティブのヒントがあります。
たとえば、かたい肉が嫌いな子どもがいれば、塩麹漬けのやわらかい肉を開発するようなものといえるかもしれません。

## おいしかったといってもらえるように

聞きたい、見たい、寝たい、乗りたい、行きたい、キレイになりたい、カッコよくなりたい、飲みたい、食べたい……。お客様のニーズは根源的に昔から変わりません。変わったのは、ニーズをかなえてあげる手法、手段、範囲であり、多様化してきているということです。
人を真ん中に、多様な手法で、不満をなくしていく。ただなくすのではなく、その人に満足してもらう。喜んでもらう。

料理でいえば、最後に「おいしかった！」といってもらいたい。そのために、あらゆる工夫をしていく。どんなに工夫しても、努力しても、料理自体がまずければ台無しに。これぱかりは、お客様もシビアです。
だからこそ、シェフの腕の見せ所。同じメニューでも、下ごしらえの仕方、切り方、焼き方、盛り付け方、提供の仕方といったすべての技術、経験、勘で味は変わりますから。

これからも腕を磨き続けようと思います。
さて、今日はなにつくろう。

電通CXCC局 元CXクリエーティブディレクション3部長
田中寿

# 著者紹介


## 電通CXクリエーティブ・センター　CX推進チーム

2021年に発足した電通の新しいクリエーティブ局、CXクリエーティブ・センター。およそ100人のクリエーターがいる中で、とある部を中心とした14人のメンバーで構成されるチーム。それぞれ独自の得意分野、興味関心を持ちながら、日々新たなCXクリエイティブの実現やメソッド開発に奔走している。

## 執筆メンバー紹介

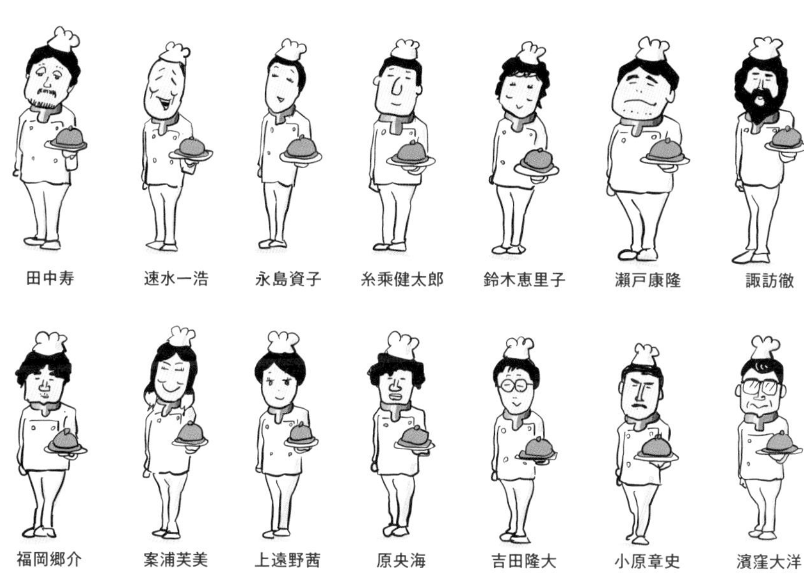

## Special Thanks（順不同・敬称略）

本書の製作にあたって以下の方々にご協力いただきました。誠にありがとうございました。

本田技研工業株式会社／西武鉄道株式会社／株式会社カネボウ化粧品／クオン株式会社／サムスン電子ジャパン株式会社／株式会社エービーシー・マート／株式会社ファミリーマート／アシックスジャパン株式会社／旭化成ホームプロダクツ株式会社／積水ハウス株式会社／大和証券株式会社／株式会社集英社／トヨタ自動車株式会社／rinna株式会社／日本コカ・コーラ株式会社／花王株式会社／株式会社ソニー・ミュージックレーベルズ／株式会社ロイヤリティ マーケティング／資生堂ジャパン株式会社／東海旅客鉄道株式会社／フマキラー株式会社／一般社団法人世界ゆるスポーツ協会／株式会社電通マクロミルインサイト／ヤフー株式会社／Twitter Japan株式会社／Meltwater Japan株式会社／TikTok for Business Japan／株式会社オリィ研究所／公益財団法人日本ラグビーフットボール協会／株式会社カワサキモータースジャパン／独立行政法人日本スポーツ振興センター／公益財団法人日本オリンピック委員会／データアーティスト株式会社／Team Twelve Inc.／仙台うみの杜水族館／小林光／石塚陽子／岡田敬子／石渡圭一／鏡味史子／江野秀一／大瀧篤／前川駿／山本祐生／田中耕平／濱口洋史／三浦慎也／北弘樹／川田琢磨／豊田伸治／清野信哉／植田正行／花田顕子／原田洋平／電通デジタル／事例許諾にご協力いただいた方々

# 用語解説（五十音順）

## 数字

1 to 1マーケティング
大勢相手の画一的なコミュニケーションではなく、一人ひとりに合わせたコミュニケーションのこと。従来のダイレクトメールやEメールだけでなく、LINEなどのSNSをつかったより細やかなサービスが増えてきている。

3rdパーティデータ
自社データや、パートナー企業が持っているデータ以外の、第三者が提供するデータ。国・自治体が公表しているオープンデータや、データ収集を専門とする企業が提供するデータなどがある。

## 欧文

A/Bテスト
特定の要素を変更したAパターン、Bパターンを作成し、ランダムにユーザーに表示し、それぞれの成果を比較するテスト。もちろん3パターン以上でテストすることもある。

AI
Artificial Intelligenceの略で、人工知能と訳される。人間の知的ふるまいの一部をソフトウェアを用いて人工的に再現したもの。あらゆる産業に活用が進んでおり、CXクリエイティブのさまざまな領域でも、活用事例が増えている。

CTR
Click Through Rateの略。ユーザーに表示された回数（インプレッション数）のうち、ユーザーがクリックした回数の割合を計算したもの。

CVR
Conversion Rateの略。WEBサイトへのアクセス数のうち、目的としている成果（コンバージョン）に至った割合。

CPC
Cost Per Clickの略。バナー広告において、広告を見たユーザーが1クリックするたびに何円かかったのかの費用指標。クリック単価。

ECサイト
ECはElectronic Commerceの略。ECサイトはインターネット上で商品を販売するWEBサイトのこと。定義上はネットオークションサイトやコンテンツ配信サイトも含まれるが、通常はネットショップの意味で使われることが多い。

GDN
Google Display Networkの略称で、Google広告で配信できるディスプレイ広告のこと。YouTubeやニュース サイト、ブログ、Gmailなど 200 万以上のさまざまなウェブサイトに広告を表示することができる。

Instagramストーリーズ
Instagramで使用できる、24時間で消える投稿。投稿しても自分のプロフィール投稿一覧には残らないため、気軽に利用する人が増えている。ストーリーズに出す広告もユーザーによる投稿と同様、スマホ画面全面に表示される。また、広告からECサイトやLPなどへ遷移してもらうことができる。

KOL
Key Opinion Leaderの略称で、「ケーオーエル」あるいは「キーオピオニオンリーダー」とよばれる。インフルエンサーの中でも、より特定の業界や専門領域に明るく、SNSなどで強い影響力を持つ人物を指すことが多い。

KPI
Key Performance Indicatorの略。組織やプロジェクトの目標を達成するための重要な業績評価の指標。達成状況を定点観測することで、目標達成に向けたパフォーマンスの動向を把握できる。

LINE NEWS TOP AD
LINE NEWSのトップ画面に掲載できる広告。

LINE広告のVIDEO広告
LINE VOOM上で再生される動画広告。最大600秒までの動画が可能で、LINEのユーザーデータを活用したターゲティングやブランドリフト調査が可能。

LINEポイントAD（Friends Video AD）
動画視聴完了ユーザーにLINEポイントを付与する広告。ポイントが付くので最後まで観てもらえたり、アクションを喚起できたりしやすいメニュー。

LTV
Life Time Valueの略。「顧客生涯価値」と訳され、ある顧客が自社と取引を開始してから終了するまでの期間に、どれだけかかわり、どれだけの価値をもたらしてくれるかを表す指標。

NFT
Non-Fungible Token（代替不可能なトークン）の略で、「偽造不可な鑑定書・所有証明書付きのデジタルデータ」のこと。ブロックチェーン技術を活用することで、コピーが容易なデジタルデータに対し、唯一無二な資産的価値を付与し、新たな売買市場を生み出す技術として注目を浴びている。

Talk Head View
誰もが使うLINEのトークリスト最上部に掲載できる広告。動画も静止画も配信が可能。TVのように一気にリーチを取る使い方に向いている。

TikTok　#チャレンジ
クリエイター、セレブリティ、ブランド、個人が、特定のテーマに沿った動画を募る「アクションの呼びかけ」。広告主がハッシュタグ名でユーザーにコンテンツを生成してもらいブランドテーマに沿った大量の露出や集客を可能にする広告メニューもある。

TrueViewインストリーム広告
YouTubeおよびGoogle動画パートナーのウェブサイトやアプリで配信される動画の再生前後、または再生中に表示できる動画広告。スキップの可否は広告主が選べる。

Twitterテイクオーバー
タイムラインテイクオーバーは、1日の最初の広告として、会話の一番上に表示される。トレンドテイクオーバーとトレンドテイクオーバープラスは、トレンドと連動した会話に広告を表示。効果的なタイミングで掲載することで、会話を促進できる。

Twitterプロモツイート
タイムライン上に一般的なツイートと同様の形式で挿入される広告。そのツイートが広告だとわかるよう、「プロモーション」というラベルが明示されるが、それ以外は通常のツイートと同様、リツイートやいいね、返信などが行える。

Twitterプロモビデオ
Twitterプロモツイートの中でも、動画を使用したものを「Twitterプロモビデオ」と表す。目立たずに自然に表示され、再生も自動でされるので、スムーズに動画をユーザーの視界に入れられる特徴がある。

Vlog
Video blogの略で、ブログの動画版のこと。自身の考えや毎日の出来事を文章や写真で発信するブログの内容を、Vlogでは映像と音声で表現。Vlogを配信する人は「Vlogger」とよばれる。

Yahoo!広告 ディスプレイ広告（予約型）ブランドパネル
Yahoo! JAPANのトップページに掲載されるディスプレイ広告。もっとも目立つ位置に掲載されるため、多くのユーザーが広告を目にする。また、通常の広告枠に比べて、クリック率が高い傾向にある。

Yahoo!広告 ディスプレイ広告
Yahoo! JAPANの各サービスサイトやYahoo! JAPANと提携したパートナーサイトにディスプレイ広告を出せる。ユーザーが過去にYahoo! JAPANで検索したキーワードをトリガーとするサーチターゲティングが可能。運用型と予約型があり、サイトによって略称としてYDAを使用される場合がある。

**和文**

アーンドメディア
有料広告以外の方法で獲得した宣伝や露出のこと。ネット上の口コミにブログやSNSの投稿、レビューサイトでのレビュー、WEBメディアの記事など、商品やサービスについて触れられているもの。

アクティブ率
ある一定の期間にアプリやWEBサービスを利用しているユーザーの割合。DLや会員登録をしたユーザーが日常的にそのサービスを利用しているかを測る指標になる。

インセンティブ
外部から奨励や刺激などを与え、消費者の意欲を引き出すマーケティング手法。クーポン券や景品交換などの形で提供されることが多い。

インフィードアド
WEBサイトやアプリ（画面の上から下に読み進めていくデザイン）のコンテンツとコンテンツの間に表示される体裁の広告のこと。Facebook、Instagram、Twitterなどの縦型SNSで使用される。

オウンドメディア
自社で保有するメディアの総称。パンフレット、自社サイト、SNSの自社アカウントなど。ユーザーに商品やサービスについて詳しく知ってもらったり、好きになってもらったりするために使用する。

コネクテッドTV
インターネット回線に接続されたテレビ端末のこと。インターネットに接続することにより、配信型の映像コンテンツを視聴したり、オンラインゲームに参加したりすることができる。

コンバージョン
ターゲットが、目標としているアクションを起こしてくれること。バナーからWEBサイトへの遷移、WEBサイトからの資料請求や商品購入、イベント会場でのアンケート記入や会員登録など、コンバージョンは目的に応じて都度設定する。

タグる
SNS内の情報を、ハッシュタグを使用して検索すること。最近ではInstagramやTwitterで「タグる」ユーザーが増えている。

ディスプレイ広告
WEBサイトの広告枠に表示される画像広告、動画広告、テキスト広告のこと。Googleでは「GDN（Googleディスプレイネットワーク）」、Yahoo! JAPANでは「Yahoo!広告 ディスプレイ広告」とよばれる。バナーで表示されることが多いため、バナー広告とよばれることもある。

デプスインタビュー
インタビュアーと対象者が1対1で行う面談式のインタビューで、商品やサービスの選択の理由などを深く掘り下げて聞くことができる。対象者本人さえも気がついていない深層意識の中にあるニーズや要望を聞き出し、商品開発や販売に役立てることを目的として行う。

動画アクションキャンペーン（VAC）
VACはVideo Action Campaignの略で、費用を抑えつつコンバージョン獲得に特化した動画を配信できる広告のこと。スキップ可能なインストリーム広告とTrueViewディスカバリー広告のフォーマットを用い配信をすることができ、YouTubeおよびYouTube以外の多様な場所に自動的に広告を掲載できる。

バンパー広告
YouTube内において、動画形式で掲載ができる広告のひとつ。動画再生途中に最大6秒間の動画広告配信ができ、YouTube広告の一種として2016年に追加された。流される動画広告はスキップができないのが特徴。

フレームワーク
共通して用いることができる考え方、意思決定、分析、問題解決、戦略立案などの枠組み。SWOT分析や4P分析などがその例。

プラットフォーマー
インターネット上で企業や個人に対して情報発信したりする際のサービスやシステムといった基盤（プラットフォーム）を提供する事業者。OSを提供しているMicrosoft、AppleやGoogle、SNSを提供しているMetaやTwitter、日本ではYahoo! JAPANや楽天などが該当する。なおプラットフォーマーとは和製英語で、英語圏では“platform owner”や“platform holder”と呼称されることが多い。

ブランドリフト
自社のブランディングを目的とした広告に、接触したグループと接触していないグループを比較し、接触したグループのブランドの認知や購買意欲がどの程度向上しているかを測る指標。

ペイドメディア
企業が費用を払って広告を掲載する従来型のメディアのこと。テレビ・ラジオ・新聞・雑誌のマス4媒体やWEB広告、イベントなどのスポンサーシップなど。

ペルソナ
商品やサービスの典型的なユーザーを体現する仮想的な人物像。年齢や性別といった属性情報に加えて、趣味や性格、ライフスタイル、好きな雑誌といった定性的な情報をも考慮したもので、よりリアルな人物像として設定される。

マストヘッド広告
YouTubeトップページ上部に表示される広告フォーマット。PCマストヘッドとモバイルマストヘッドがあり、1日単位で購入できる。

モーメント
momentは直訳すると「瞬間」という意味で、その日その瞬間に世の中で盛り上がる＝SNSで話題になりやすい事柄を表す。Twitterは、特段盛り上がりを見せるイベントや話題をまとめたTwitterモーメントカレンダーを公表している。

リール
Instagramでの投稿方法のひとつで、最大で90秒の短尺動画を作成・投稿できる。ストーリーズと違って時間が経っても消えず、リール専用タブや発見タブにも投稿が表示される。Facebookでも投稿可能。

リスティング広告
検索エンジンの検索結果に連動して表示される広告。ある特定のキーワードに対して広告を表示し、そのキーワードをユーザーが検索している関心が高いときに広告が表示されるため、コンバージョン率が高くなりやすい。

## 本書内容に関するお問い合わせについて

このたびは翔泳社の書籍をお買い上げいただき、誠にありがとうございます。弊社では、読者の皆様からのお問い合わせに適切に対応させていただくため、以下のガイドラインへのご協力をお願いいたしております。下記項目をお読みいただき、手順に従ってお問い合わせください。

**●ご質問される前に**

弊社Webサイトの「正誤表」をご参照ください。これまでに判明した正誤や追加情報を掲載しています。

正誤表　https://www.shoeisha.co.jp/book/errata/

**●ご質問方法**

弊社Webサイトの「刊行物 Q&A」をご利用ください。

刊行物 Q&A https://www.shoeisha.co.jp/book/qa/

インターネットをご利用でない場合は、FAXまたは郵便にて、下記"翔泳社 愛読者サービスセンター"までお問い合わせください。
電話でのご質問は、お受けしておりません。

**●回答について**

回答は、ご質問いただいた手段によってご返事申し上げます。ご質問の内容によっては、回答に数日ないしはそれ以上の期間を要する場合があります。

**●ご質問に際してのご注意**

本書の対象を超えるもの、記述個所を特定されないもの、また読者固有の環境に起因するご質問等にはお答えできませんので、あらかじめご了承ください。

**●郵便物送付先およびFAX番号**

送付先住所　〒160-0006　東京都新宿区舟町 5
FAX番号　03-5362-3818
宛先　（株）翔泳社 愛読者サービスセンター

※本書に記載されたURL等は予告なく変更される場合があります。
※本書の出版にあたっては正確な記述につとめましたが、著者や出版社などのいずれも、本書の内容に対してなんらかの保証をするものではなく、内容やサンプルに基づくいかなる運用結果に関してもいっさいの責任を負いません。
※本書に記載されている会社名、製品名はそれぞれ各社の商標および登録商標です。
※本書に記載されている情報は2023年1月執筆時点のものです。

装丁／エントツ（喜來詩織）
DTP協力／BUCH⁺

# CXクリエイティブのつくり方

## 認知からファンになるまで、顧客を中心にあらゆる体験をつくる最新レシピ。

---

2023年2月24日　初版第1刷発行

著者　電通CXクリエーティブ・センター　CX推進チーム
発行人　佐々木 幹夫
発行所　株式会社 翔泳社（https://www.shoeisha.co.jp）
印刷・製本　中央精版印刷株式会社



---

ISBN978-4-7981-7586-7　　Printed in Japan